尽　善　尽　美　　　　弗　求　弗　迪

THE NEW COMEDY BIBLE
脱口秀演员的48项修炼

著 —— [美] 朱迪·卡特 JUDY CARTER

译 —— 笑果训练营编辑部

THE ULTIMATE GUIDE TO
WRITING & PERFORMING
STAND-UP COMEDY

电子工业出版社
Publishing House of Electronics Industry
北京·BEIJING

The New Comedy Bible:The Ultimate Guide to Writing & Performing Stand-up Comedy,Judy Carter
The Comedy Bible Workbook,Judy Carter
Copyright © 2020 by Judy Carter.
All rights reserved. This translation published under license. No part of this book may be reproduced in any form without the written permission of Judy Carter.

本书简体中文版专有翻译权由 Judy Carter 授予电子工业出版社独家出版。未经许可，不得以任何手段和方式复制或抄袭本书内容。

版权贸易合同登记号　图字：01-2022-5761

图书在版编目（CIP）数据

脱口秀演员的 48 项修炼 /（美）朱迪·卡特（Judy Carter）著；笑果训练营编辑部译．—北京：电子工业出版社，2023.3
书名原文：The New Comedy Bible:The Ultimate Guide to Writing&performing Stand-up Comedy
ISBN 978-7-121-44770-9

Ⅰ.①脱… Ⅱ.①朱…②笑… Ⅲ.①演讲—语言艺术—基本知识 Ⅳ.① H019

中国版本图书馆 CIP 数据核字（2022）第 245895 号

责任编辑：黄益聪
印　　刷：三河市鑫金马印装有限公司
装　　订：三河市鑫金马印装有限公司
出版发行：电子工业出版社
　　　　　北京市海淀区万寿路 173 信箱　　邮编：100036
开　　本：720×1000　1/16　印张：17　字数：227 千字
版　　次：2023 年 3 月第 1 版
印　　次：2025 年 9 月第 4 次印刷
定　　价：129.00 元

凡所购买电子工业出版社图书有缺损问题，请向购买书店调换。若书店售缺，请与本社发行部联系，联系及邮购电话：（010）88254888，88258888。
质量投诉请发邮件至 zlts@phei.com.cn，盗版侵权举报请发邮件至 dbqq@phei.com.cn。
本书咨询联系方式：（010）57565890，meidipub@phei.com.cn。

献 词

或许我并不富有，
不够自信，
也没有超级模特的美貌，
但当我站在聚光灯下，
当我听到笑声，
我完整了。

本书献给所有的脱口秀演员，他们战胜心中恐惧而在舞台上展现真实的自我，将自己的烦恼变为好笑的段子。他们是律师、医生、会计或老师，他们意识到了幽默就是自信，幽默会让生活更容易、更有乐趣。他们是家庭主妇、退休老人、祖父母，他们勇敢面对年龄歧视、性别歧视，说出令人捧腹的生活真相。他们是愤怒的、受伤害的、热衷政治的、神经敏感的人，他们知道笑是最好的解药，因为他们已经用欢笑治愈了自己的人生。

《脱口秀演员的48项修炼》同样是一本献给读者的书，无论新读者还是老读者，都将用一次次欢笑让世界变成一个更快乐、更美好的地方。

谢谢你们，我好笑的朋友们。

起初，

有了 *The Comedy Bible*①，它出版于 2001 年……

自那时起，世界发生了变化。

脱口秀也发生了变化，于是有了这本《脱口秀演员的 48 项修炼》（一本全新的书）。

"脱口秀就是要打破规则，但在你打破规则之前，先要了解规则。"

——朱迪·卡特

---

① 作者本人写于2001年的著作，其中文版名为《喜剧的艺术：脱口秀与情景喜剧创作表演实用指南》，于2018年由电子工业出版社出版。

译者序

本书作者朱迪·卡特是美国的脱口秀演员、喜剧编剧、魔术师、励志幽默演说家，而对脱口秀演员和爱好者而言，她最重要的身份是脱口秀培训师，她写的几本书深深影响了各个国家的众多脱口秀演员。

朱迪·卡特幼年时有语言障碍，说话很困难，她的姐姐玛莎则患有严重的先天疾病。为了更好地与姐姐交流，让姐姐的生活有更多乐趣，朱迪从八岁起自学魔术，为姐姐表演，并通过练习魔术师的台词提升了自己的语言能力。朱迪一直在学习和表演魔术，大学毕业后成为专业魔术师，于20世纪70年代初期开始在洛杉矶著名的魔术俱乐部"魔术城堡"(The Magic Castle)表演，并向魔术大师戴·福农学习。1979年开始，她转向脱口秀，迅速获得成功，并将事业版图扩展到喜剧编剧领域。1984年朱迪开始创办喜剧工作坊，那是洛杉矶最早的脱口秀公开培训班，喜剧工作坊不但在脱口秀爱好者和演员中大受欢迎，也吸引了编剧、导演、制片人、经纪人等影视行业人士，获得了很大影响力。

1989年，朱迪·卡特总结整理了自己在喜剧工作坊中授课的经验，出版了她的第一本关于脱口秀创作的著作《脱口秀之书》(Stand-up Comedy: The Book)，当时市面上还没有其他专注于脱口秀创作的书籍，这本书虽然还比较粗糙，但发现了脱口秀这一艺术形式的一些重要特征和实用的创作方法。后来，朱迪·卡特又写了多本著作，分析脱口秀的原理、结构、话题选择、创作技巧等，提供了按步骤进行的系统训练流程，同时也介绍了情景喜剧编剧、商业运作等方面的内容，在脱口秀业界内得到了极高评价，她的著作非常实用，对很多演员产生了帮助。2020年，朱迪·卡特又出版了《喜剧创作者的 48 项修炼》(*The New Comedy Bible: The Ultimate Guide to Writing& Performing Stand-up Comedy*)，根据这些年来脱口秀艺术与行业的发展，全面更新了她的理论体系，提供了更为全面、明晰、深入的创作与表演训练流程。

对苦于创作不得其法的业余脱口秀演员（比如我自己）而言，朱迪·卡特的著作有极高的价值——关键并不在于可以很快写出好笑的段子，而在于通过思维训练进入更好的创作状态，掌握更多喜剧创作的原则、规律和方法，避免进入创作上的误区，成为一名不断进步的脱口秀演员。我的本职工作是游戏本地化，出于兴趣做过影视、漫画等内容的翻译，此次翻译中尽可能采用了直译、异化的策略，希望能够更忠实地传达作者的本意，让更多脱口秀爱好者、演员和喜剧创作者从朱迪·卡特的著作中受益，创作出更好的喜剧内容。

书中如有翻译疏漏之处，还请各位读者指正。

感谢作者朱迪·卡特为中文版的部分内容提供了更新。

感谢王梓晗、姜晓潼、航哥、鸭绒、悟饭、张灏喆翻译了最初的部分译本，感谢笑果文化和电子工业出版社的各位工作人员对我翻译过程的帮助。

感谢武汉开饭喜剧的朋友们给我的关心和鼓励。

特别感谢火火，在我翻译中每次遇到疑难时，给我看萨摩耶犬的视频。

笑果训练营编辑部　张　璋

作者序

想象这个场景……

你在舞台侧面的幕后等待上场。

主持人向观众介绍了你。

你步入聚光灯下,感觉每个人都在盯着你。

你讲了自己的开场段子。

鸦雀无声。

是不是冷场了?是不是麦克风没开?

感觉等了一万年,观众的笑声忽然爆发了。你的下一个段子也响了。再下一个也响了!你炸场了!

你在雷鸣般的掌声中下场。

> 跟随你的热情,对自己保持坦诚,永远不要跟随他人的道路。除非你是在树林里迷路了,看到了一条小路,这时候你无论如何都只能沿着这条路走了。
>
> ——艾伦·德詹尼丝(Ellen DeGeneres)

回到演员休息室,经理走进来找你。接下来就是和顶级的经纪公司开会,每家公司都求着你跟他们签约。忽然之间你就要开第一个专场了。专场到处好评如潮,你在网上有了几百万名粉丝。你要办巡演了,能容纳1500人的剧场,票被抢购一空。HBO、网飞和电影制片人的邀约纷至沓来。

你是个能卖座的明星了。

为什么成功的不能是你呢

你觉得自己有可能拥有成功的脱口秀职业生涯吗？或者你要听妈妈的话"放弃梦想，好好去上法学院"？你是否正受以下这些声音困扰呢？

- 我不够好笑。
- 我太老了。
- 我太胖了。
- 我要担负太多责任，所以不能干这个。
- 我需要有份白天的正经工作来赚钱。

> 生活会给你机会，你要么抓住机会，要么因恐惧而自己错过机会。
>
> ——金·凯瑞（Jim Carrey）

在我的脱口秀工作坊里，学生们也经历了这些恐惧，但他们努力工作，听从我的指导，现在很多学生已经成为全国各地俱乐部的头牌演员，开了自己的脱口秀专场，参演情景喜剧，参与影视节目制作，在电影中出镜。

本书的内容将帮助读者摆脱以上自我困扰（会有这些怀疑是完全正常的）。听从我的指导，你会找到自己真实的声音，写出能"炸场"的好段子，并能探索获得更多观众关注和登上更大舞台的机会。

这是你脱口秀人生旅程的开始。

好笑人士的工作机会

即使你并不想成为一名全职的脱口秀演员,学习如何创作和表演脱口秀也能帮助你获得很多工作机会。

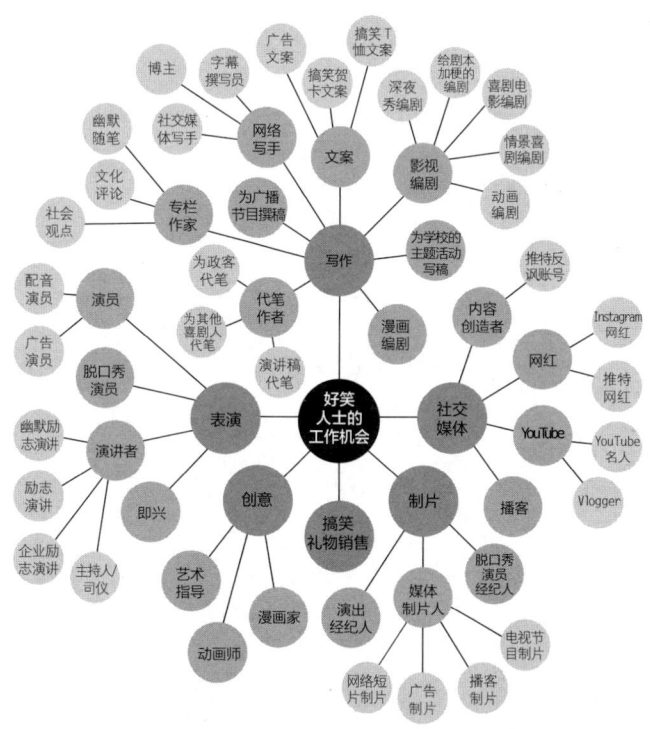

> 从脱口秀开始,你能得到很多不同的机会,我最先遇到的机会是做演员。而你也可能成为演员,甚至成为电视名人、广播名人、编剧、制片人,又或者只是成为一位有远见的人,或者配音演员。
>
> ——凯文·哈特(Kevin Hart)

目　　录

1 | 导言　脱口秀新十诫

脱口秀新十诫 / 2

你觉得你很好笑吗 / 6

　　练习 1：测试你的好笑度 / 6

　　练习 2：成功愿景 / 10

第 1 章

13 | 热身：克服创作焦虑

克服拖延症：宋飞策略 / 14

　　练习 3：准备好你的喜剧创作练习册 / 17

　　练习 4：晨间写作 / 19

报名上台 / 20

脱口秀的不同舞台 / 23

　　练习 5：报名上台 / 29

四个战胜怯场的小提示 / 30

　　练习 6：从怯场到救场 / 32

寻找完美的喜剧伙伴 / 34

　　练习 7：找到你的喜剧伙伴 / 36

第 2 章

39 | 脱口秀工作坊：13 个写段子练习

人生即段子：找到你的真实话题 / 40

　　练习 8：找到你的真实话题 / 43

　　练习 9：选择三个最佳话题 / 53

　　练习 10：绘制思维导图 / 59

　　练习 11：用态度处理话题 / 63

笑点：呈现 / 68

　　练习 12：在段子中加入呈现 / 74

　　练习 13：整理半成品段子 / 74

用无实物表演让你的呈现更生动 / 76

　　练习 14：在呈现中加入无实物表演 / 78

笑点：反转 / 79

　　练习 15：用三项列表写反转 / 83

　　练习 16：为你的话题写反转 / 87

　　练习 17：从梗开始写反转 / 90

笑点：混合——"这就好比……" / 91

　　练习 18：练习混合流程 / 93

　　练习 19：混合——从家人身上找笑点 / 97

　　练习 20：用混合扩展段子 / 100

第 3 章

103 | 脱口秀结构：16 个提示让你写得更专业

使用脱口秀结构打磨段子 / 104

 练习 21：研究专业演员 / 110

铺垫：笑果最大化 / 112

 练习 22：前提——化严肃为好笑 / 121

 练习 23：修改铺垫 / 122

用结尾标签和过渡在两个段子之间获得笑声 / 124

 练习 24：增加结尾标签和过渡 / 126

去抨击强者！为表演做好准备 / 128

 练习 25：检查和修改段子 / 128

开场：如何在 17 秒内让观众喜欢上你 / 137

 练习 26：写出爆笑开场 / 143

使用回收笑点，讲出精彩结尾 / 146

 练习 27：回收笑点，精彩结尾 / 147

确定段子顺序表，克服怯场 / 148

 练习 28：准备好——列表的乐趣 / 149

 练习 29：组织段子顺序表 / 150

如何记住你的演出内容而不露痕迹 / 153

 练习 30：记牢演出内容 / 153

你的喜剧人格 / 157

为你的喜剧人格选择得体的衣着 / 160

女演员注意：脱口秀界的性别歧视 / 162
    练习 31：探索你的喜剧人格 / 163

脱口秀表演：基本专业技巧 / 165

与观众互动 / 168
    练习 32：与观众互动 / 173

如何干掉捣乱者而不影响演出 / 174
    练习 33：准备反击捣乱者 / 180

最后一项表演技巧：精确计时 / 181
    练习 34：精确计时 / 184

检查和修改你的演出内容 / 185
    练习 35：计算笑声次数 / 185
    练习 36：修改演出内容 / 186

冷场怎么办 / 190
    练习 37：救场段子 / 199

第 4 章

201 | 另外 8 个提示：创作 1 小时商演内容

从自己身上找笑点：自嘲式开场 / 203
    练习 38：自嘲式开场 / 204

对半混搭 / 206
    练习 39：对半混搭 / 207

对比段子 / 209

　　练习 40：对比段子 / 210

对话段子 / 215

　　练习 41：对话段子 / 217

时事段子 / 218

　　练习 42：时事段子 / 222

如何模仿名人而不落俗套 / 225

　　练习 43：加入名人模仿秀 / 227

观察式喜剧："你们有没有发现……" / 228

　　练习 44：观察式段子 / 230

在台上即兴为段子追加新内容 / 232

　　练习 45：在台上即兴创作 / 233

第 5 章

235 | 给非脱口秀演员的幽默演讲提示

不情愿的承认 / 238

　　练习 46：不情愿的承认 / 240

术语歪解 / 241

　　练习 47：术语歪解 / 241

烦人的缩略词 / 244

　　练习 48：烦人的缩略词 / 245

第 ⑥ 章

247 | 最后的鼓励

251 | 致谢

导言
脱口秀新十诫

脱口秀新十诫

1. 不可抄袭

不要从其他演员那里"借"段子，不要用网上的梗，不要用这本书里的例子。观众想要听到的是你自己的故事和声音，那些才是你真正可靠的财富。对脱口秀演员而言，抄袭是可耻的。

2. 不可说谎

真实往往比虚构更古怪，也更有趣。真实性是你表演成功的秘诀。观众想要了解的是你这个人。如果你不真诚，观众是能感觉到的。

> 做真实的自己是最难的，特别是当每个人都在看着你的时候。
>
> ——大卫·查普尔（Dave Chappelle）

3. 你当善用社交媒体

要在社交媒体平台上建立很强的存在感。每一天都要发动态或上传视频，每一天都要和你的粉丝们互动。你的手机就是你的公关，对它说话，用它记录下你的观察，每一天都要把这些观察发出来。

> YouTube 明星网红珍娜·玛柏（Jenna Marbles）[①]来做脱口秀培训时曾告诉我，她学的是护理学专业，但是她并没有从事这方面的工作。因为 2010 年她发了一条 YouTube 视频，名为《如何骗别人让他们觉得你很好看》，这条视频第一周的播放量达到了 530 万次。现在珍娜·玛柏有超过 1700 万名粉丝，视频累计播放量达到了 22 亿次，赚到了几百万美元。

4. 你当尽全力

舞台经验无可替代。当你失败时，下次上台再次尝试。留下那些有效的段子，删掉或修改那些无效的段子。段子成功的秘诀就是冷场，再试，哭，再试，吃块比萨，再试。重复这一过程！不要放弃！

5. 你当多交朋友

在每一个参加开放麦的夜晚，要对主持人友善，留下来看其他演员表演，感谢场地老板。你需要他们就像你需要粉丝一样，他们甚至可能对你更重要。其中的某个人可能会成为行业中的重要人物，并把工作机会提供给他们喜欢的人。这不是玩笑。很多纽约的脱口秀演员都后悔没有对那个"即兴"[②]脱口秀俱乐部（The Improv）的酒保更友善，那个人后来成了 HBO 的高管。多交朋友对你长期的成功是非常关键的。

[①] 珍娜·玛柏于2020年6月宣布离开YouTube并不再从事网红工作。她2011至2012年的多条视频被发现涉及种族主义、涂黑脸、荡妇羞辱等内容。——译者注（本书以下注释如无特别说明均为译者注）
[②] "即兴"脱口秀俱乐部创始于1963年，最初是个纽约百老汇演员在演出后吃喝聚会唱歌的地方，后来转向举办脱口秀演出，创始人巴德·弗里德曼（Budd Friedman）帮助过很多脱口秀明星开始自己的职业生涯。虽然名为"即兴"，但它并非即兴喜剧剧场。

6. 你当抨击强者

和所有的喜剧类别一样，脱口秀始终在嘲弄有钱有权的人，要求他们担负起自己的责任。这叫"抨击强者"。与之相对，攻击那些基于宗教、种族、性取向等原因而被你认为地位更低的人则并不明智。不要用你的脱口秀来压迫他人。

7. 不可用年龄为借口

好笑的障碍永远不会是你太年轻或太老了。美国已故的伟大脱口秀演员罗德尼·丹泽菲尔德（Rodney Dangerfield）在44岁时迎来了他的突破。刘易斯·布莱克（Lewis Black）在48岁时上了乔恩·斯图尔特（Jon Stewart）主持的《每日秀》（The Daily Show），成为家喻户晓的脱口秀演员。我之前的一位学生维姬·巴勃拉克（Vicki Barbolak）在《美国达人秀》（America's Got Talent）的试镜现场获得满堂彩时60岁。洛瑞·梅·赫尔南德斯（Lori Mae Hernandez）在《美国达人秀》上表演时只有13岁，她获得了评委们的肯定，后来在洛杉矶的杜比剧场（Dolby Theatre）演出。在任何年纪，只要你好笑，就总会有喜欢你的观众群。

> （人们会让我来照看孩子这件事很奇怪……）我没有高中毕业。我甚至还没上高中。我没有驾照。我的身高都不能坐在汽车前排座位上。我还得用儿童安全剪刀呢，各位！但是你们准备把你们所爱的孩子留给我照顾？我在照看孩子方面唯一的资质就是……我不久前还是个孩子！
>
> ——洛瑞·梅·赫尔南德斯

8. 你当写干净段子

在成名之路上,你需要干些赚钱的活儿。你关于性的段子可能非常好笑,但是它会让你失去收入丰厚的商务活动机会。或许线下俱乐部尺度可以适当放宽,但无论如何要记得洁身自好。

9. 不可强行搞笑

在台上用力过度追求笑声就像在约会时用力过度追求真爱一样。这两种情况下你的结局都是会被拒绝。写段子的时候要用一种真实的搞笑态度传达你的观点和想法(参见第2条)。你必须展现自然的幽默感。

10. 你当每天写作

没有第七天休息这回事。脱口秀是一份贯穿一周七天每天24小时的工作。你的幽默感不像强度固定的骨头,而更像越练越强的肌肉。[①] 如果你不锻炼,它就会开始萎缩。每天都要写,做这本书中所有的练习,定期和你的喜剧伙伴一起写稿。要为潜在的机会做好准备。

最后总结

——这本书会让我变得好笑吗?

——不会的,这本书不会让你变得好笑。好笑是一种你要么有,要么没有的特质。好笑是一种天赋,一种无法由他人传授的看待这个世界的方式。但是如果你确实好笑的话,这本书将会向你展示如何通过久经考验的实战练习来成功地研究脱口秀、脱口秀段子写作和完善你的脱口秀表演。这些练习将会培养你的喜剧人格,并让你准备好足以用于一小时专场的内容。很多当今的脱口秀明星也曾从这些练习中获得帮助。

现在咱们来看看你到底有多好笑。

[①] "幽默感"英文原文为funny bones,故此处有骨头与肌肉之说。

你觉得你很好笑吗

练习1：测试你的好笑度

这个初步好笑度测试会识别你的长处和弱点,让你认识段子写作的过程。

1. 三项列表（反转）

给以下的铺垫写笑点:有三种东西在原子弹爆炸中也能幸存下来:病毒、蟑螂,还有……

列举三个不同的答案。

2. 为图片配台词（视觉幽默）

© 阿兰·罗伯茨（Alan Roberts）

为这幅图片写两条好笑的台词。

3. 好笑的对话（呈现）

你妈妈说："你就穿成这样出门见人吗？"

写两种机智的回应。

4. 观点（混合）

补完以下的铺垫：写字的笔和恋爱很像，因为……

列举五个回答。

5. 自嘲（反向思考）

我很胖。但是胖也有一些好处……

列举三条好笑的身为胖子的好处。

6. 缩写段子（一句话段子）

KFC（肯德基，完整拼写形式为 Kentucky Fried Chicken）、CPA（注册会计师，完整拼写形式为 Certified Practising Accountant）和 VIP（贵宾，完整拼写形式为 Very Important Person）实际上是 _____ 的缩写。

用好笑的方式曲解这些缩写词。

7. 时事幽默（对比段子）

我妈妈和美国总统有一些共同点，他们都……

写两条好笑的后续。

8. 家庭段子

我爸这人很奇怪，他……

写两个好笑的特点。

9. 宗教段子 ①

昨晚，神给了我启示，祂说……

呈现神是如何给你启示的。

10. 关于性的段子

只有我一个人觉得当对方说 _____ 的时候会很破坏气氛吗？写两条好笑的对方说的话。

你的好笑度测试得分结果

数一下你写了多少条段子或答案，这个数字是？_____

18 条及以上

你很可能具备成为专业脱口秀演员的潜质。你的一些段子可能不够好笑，但是你没有满足于只写出一个答案，这就已经证明了你投入的程度。请相信我，你的韧性和对成功的渴望会让你走得更长远。（不只是在脱口秀领域。）

10～17 条

你有做脱口秀的意愿，但你太容易放弃了。我们经常要尝试十来次才能找到一点好笑的东西。可能你对自己太苛责了，这会阻止你让自己变好笑。从头开始，允许自己水平烂！调整心态，不要挑剔，开始写尽可能多的答案，就算觉得它们不够好也没关系，最终的结果会令你惊喜的。

---

① 关于第9项和第10项，读者在实践中可酌情替换为其他内容。——编者注

9 条及以下

你有可能是一个好笑的人，但你需要做更多的写作练习，才能克服那些让你没能完成这个测试的阻力。写作练习是成功道路上的必做之事。

如果你根本就没有做这个练习，并且对自己说："下次一定……"

恭喜你！你有成为一个真正脱口秀演员的特质！所有的脱口秀演员都是拖延症患者。就像我们常说的："做脱口秀比死还难。"不要把这本书扔在一边儿，去做你第二选择的职业，回来，填好你的答案，就算你写的是世界上最不好笑的答案。真正重要的是你没有放弃。你可能是一个叛逆者，一个想法不合常理的人，一个坏学生，同时也是一块璞玉。在好莱坞的星光大道上有一颗星星在等着你，但是首先，要做这项艰苦的工作，就是完成这些练习，看看你能写出什么。

"我刚刚写好了自己最初的段子，我要用它们来做什么？"

分享你的段子，看其他人写的段子，你可能会发现自己：

- 比你想象的更好笑。
- 更擅长写某些类型的段子。
- 有信心更加努力写段子了。

不管你在上面的好笑度测试中成绩如何，你都需要继续提高。你的段子也一定会在练习后变得更好。

> **喜剧创作练习册**
> 随书附赠的这个练习册可以用于记录和完善你好笑的段子。

现在我需要你做另一些事。

练习 2：成功愿景

1. 想象这个场景……

闭上眼睛，想象你已经拥有了自己想要的脱口秀职业生涯，想象你已经获得了成功。

- 成功的景象是什么样的？
- 你感觉如何？
- 你身边有哪些人？
- 在你成功的时刻，你内心最真实的想法到底是什么？

有些人会想象自己在台上讲段子，让观众们笑到流泪。有些人会看到他们得到的第一张大支票。很多人想象的成功时刻是一举成名，走在街上会被人认出来。

2. 花十分钟时间写下你的成功愿景，形式类似一篇日记：

"今晚，我在纽约录制我的第一个网飞专场。我很紧张，但我准备好了。白天我的喜剧伙伴和经纪人一起陪我排练了专场的内容。录制完成后也没有安排派对，因为我明早要坐飞机赶回加利福尼亚。我还要在拉斯维加斯的恺撒宫演出。我现在无比热爱生活！"

3. 写一个你要在一年内达成的目标，例如：

到一年后的那天，我要达成上台演出至少 100 次的目标。

4. 把这个目标写在你的日历上，就在一年后的那一天

我们在下一章会讨论你日历的细节。一定要克服拖延症。

坚持你的成功愿景

金·凯瑞曾经向奥普拉·温弗瑞（Oprah Winfrey）讲过一个故事。他首次上台表演脱口秀是在多伦多的咯咯笑俱乐部（Yuk Yuk's Club），金·凯瑞的父亲开车送他到那里，然后看着他冷场。金·凯瑞担心自己没有能力作为艺人谋生。1985年，首次登台的四年后，金·凯瑞穷困潦倒，沮丧地开着他的破丰田车去了好莱坞。为了给自己打气，时年19岁的金·凯瑞给自己写了一张1000万美元的支票，款项为"表演服务报酬"，出票时间填写为十年后，他把这张支票放进了钱包。

金·凯瑞后来赚到的钱远远超过了1000万美元，他出演了《神探飞机头》（*Ace Ventura: Pet Detective*）、《阿呆与阿瓜》（*Dumb & Dumber*）等多部热门电影。金·凯瑞告诉奥普拉，1994年他父亲去世时，他把这张支票放进了父亲的灵柩中。

5. 做出承诺！

不要让你的成功计划是秘而不宣的，把它说出来，告诉你的同行或朋友，你会得到他们的鼓励。

现在，让我们开始将你的成功愿景变成现实！

第1章
热身：克服创作焦虑

克服拖延症：宋飞策略

创作过程会产生焦虑，难怪大多数脱口秀演员在写新段子（或者任何文字）的时候都有拖延症。大多数人都知道杰瑞·宋飞（Jerry Seinfeld）是世界上最富有的脱口秀演员之一，他也是最高产的演员之一。他定期写出新段子，进行巡演，制作视频内容，并为其他脱口秀演员制作专场。宋飞是如何避免拖延症陷阱的？

我写第一本关于脱口秀的书籍时采访过宋飞，他透露了一些创作的秘密。其中之一就是，创作伟大的文本意味着每天都要写作。宋飞用一个厨房计时器，设置20分钟倒计时，不停地写作直到听到计时器响起的声音。无论他当天的日程多繁忙，这都是他日常生活中神圣不可侵犯的一部分。

在博客"生活黑客"（Lifehacker）中，脱口秀演员布拉德·艾萨克（Brad Isaac）分享了一个他在后台遇到宋飞的故事，他问宋飞："你对一个年轻的脱口秀演员有什么建议吗？"宋飞告诉他，要成为更好的脱口秀演员就得创作更好的段子，而要创作更好的段子就得每天坚持写作。

艾萨克继续回忆："他让我找一幅大号年历，一整年的日期都在同一页上那种，挂在家里墙上最醒目的位置，再准备一支红色马克笔。他说，在我完成写作任务的每一天，我都可以在那一天的日期上画一个大红叉。几天后，这些红叉将连成一根链条。只要坚持下去，这根链条就会越来越长。你会喜欢看到这根链条，特别是当你已经坚持了几个星期之后。接下来你唯一的任务就是不能让你的创作链条中断。"

请注意，宋飞没有做任何关于要写"好"段子的规定。宋飞策略的秘诀就是消除所有对才华横溢、灵感闪现的期望。这一策略的核心只是确保你每天都要坚持写作，不要让链条断掉。

 喜剧写作是一件你看不见别人做的事。它是秘而不宣的。

——杰瑞·宋飞

成功的写作来自汗水而非灵感。不要让你的焦虑、与伴侣的争吵、糟糕的一天工作或昨晚的聚会影响你完成每天坚持写作的计划。事实上，当你写作时，你很可能会发现上述的那些烦恼都变成了段子的素材。宋飞策略之所以有效，正是因为它让你专注于养成通往成功之路的最基本的习惯。这样，你需要评判自己的唯一标准就是：你今天写了没？

"但是，朱迪，我有伴侣，有孩子，有很大的工作压力。我没有时间每天都写啊。"

不要找借口！你手机上总该有系统自带的备忘录吧？在超市排队结账的时候，把你关于周围环境的观察记下来。在医院排队的时候，别刷微博，写段子！也可以使用手机的录音功能把自己的想法录下来。就个人而言，我更喜欢录音（而不是文字记录），这样我就可以记录自己想到这个段子时真实的情绪、态度和表达方式。

 除了你自己，没有人能阻止你努力。如果你自己不努力，那你活该。

——达蒙·韦恩斯（Damon Wayans）

有许多应用程序可以将语音转换为文字。搜索"语音转换"或者"语音识别"，你会发现很多选择。

停止拖延症的工具与方法包括：

• 一幅大号年历（没错，就是纸质的年历，把它挂在墙上，让它每天正对着你）。

- 一支红色马克笔（没错，实体书写工具，在年历上做记号用）。
- 一本笔记本（或者你的电脑、平板电脑——总之就是你最顺手的书写工具）。
- 一个计时器。
- 用计时器倒计时十分钟（到时间之后也可以继续写，但是到时间之前不准停下来）。
- 不停地写，没有下不为例，写下你所有的想法，哪怕你能想到的只有"我什么可写的东西都想不出来……"。
- 写完后给年历上今天的日期打个叉做记号。

别让链条断掉

创作的关键不是直接写出超级棒的段子，而是坚持写下去。我曾经有个段子在上台表演前修改了两年。

——杰瑞·宋飞

我们现在来创建喜剧创作练习册，从而整理好你的脱口秀创作记录。

练习 3：准备好你的喜剧创作练习册

好笑的事情每天任何时间都可能发生。所以在接下来的一个月里，你不再是普通人了，你是一个脱口秀创作者。这就意味着你要随身携带录音设备或记事本，在好笑的事情发生时当场记录下来。一些脱口秀演员在想到一个好笑的点子或观察时马上就要给自己发短信或电子邮件以记录时间点，这可能发生在吃饭聊天时、在教堂做礼拜过程中，甚至有人在亲热中途停下来，起身记录笑点！（难怪这么多脱口秀演员都单身。）

> 我不会说："我要写个段子。"我只是走入真实世界，观察生活。感觉就像我锻炼了大脑中负责观察发现事物的部分，所以我现在不需要刻意去寻找那些好笑的东西，而是会自然而然地注意到它们。
> ——史蒂芬·赖特（Stephen Wright）

你可能会说"我能记住这个……"不，你不能。相信我，一定要记录下来！然后在早晨起床写作时，听录音，将其转换成文字，完善内容，让它更精彩。持续记录和整理你的想法至关重要，我经常回头看自己五年前的原始记录，寻找有用的素材。

> **持续记录和整理自己的内容**
>
> 琼·里弗斯（Joan Rivers）在 3 英寸[①]高 5 英寸宽的卡片上记录了超过一百万个段子，并将它们存放在一个卡片档案柜中。琼按话题排列这些段子，她说整理过程中最难的一步是："这个段子的话题应该是'丑'还是'蠢'？"

---

① 1英寸≈2.54厘米。——编者注

准备好你的喜剧创作练习册

创作脱口秀是一个非常凌乱的过程。我曾经手头有什么纸或者设备就用什么写段子，我的段子分散在垃圾传单、水电账单还有电脑上的数千个文件里，一团混乱。素材丢失、被遗忘，结局自不待言——没能成为台上的好段子。（燃气公司的某个员工可能已经看我的段子看了好几年，正在疑惑我为什么不发新段子来了。）因此，本书特别为你准备好了精心排版的喜剧创作练习册。

注意：有些说明适用于使用文字处理软件。如果你没有电脑或平板电脑，请回归传统，使用三环活页夹，分隔成几个部分，然后用三孔活页纸填充每个部分。

> 请打开随书附赠的喜剧创作练习册。许多学生发现它很有用，因为：
> - 预先印有所需格式的练习册有助于促进练习；
> - 跳过练习或者犯拖延症的机会更少；
> - 在一本专用的练习册中查看你的文字会鼓励你坚持下去。

> **追求好笑之路**
> 注意：你会在这本书中多处看到与练习 4 标题下方的指示类似的指示。看到此指示时应打开你的喜剧创作练习册，或者根据指示规定在相应文件夹中创建一个相应名称的文档，又或者给活页夹添一张带标记的纸。然后记录你在这个练习中给出的答案。你正在通过这些练习、日常写作和淘汰法逐步完成你整套的演出文本，因此不要跳过！

现在你已经准备好了喜剧创作练习册（电子版或纸质版均可），我们从填写你每天早上写作的内容开始。

练习 4：晨间写作

文档 > 晨间写作

文档 > 录音整理

早晨起床第一件事，写！你的观察、你的想法、你的梦境……写任何东西都行。我们的目标不是搞艺术，而是获得更清晰的头脑、更好的想法和避免焦虑。

创建一个名为"晨间写作"的文档（也可以写在随书附赠的喜剧创作练习册的晨间写作部分），在第一页写上明天的日期。另建一个名为"录音整理"的文档，在第一页也写上明天的日期。

1. 每天起床后先在喜剧创作练习册的"晨间写作"中写作至少 10 分钟，然后将前一天的笔记和录音转换为文本整理到"录音整理"中。内容可以是任何东西，从不成熟的段子方向到每天发生事情的清单，你写什么并不重要，重要的是你每天都在写。假以时日，你总会把一些混乱的素材变成段子转到练习册中"按话题分类的半成品段子"部分或文件夹中，最后再转到"我的演出内容：成品段子块"部分或文件夹中。

2. 当天任何时间只要出现了一个想法，马上记下来或录下来，标明日期。

3. 每天重复这一流程。

　　你已经上道了，接下来要做一件可怕的事。

报名上台

上面的四个字不只是个标题,这是个命令,是我这个专横的脱口秀教练给你下的命令。马上做!与任何可怕的事一样,完成它最好的办法就是赶快做。我就是在告诉你,你要在自己写出段子的第一句话之前先报名上台。或者,如果你已经有脱口秀经验了,马上报名参加一次开放麦,这次上台要讲根据本书指导写出的全新内容。①

"啥?你是不是疯了?我还没有可讲的段子!我为什么现在就要报名上开放麦?"

来个信仰之跃,报名开放麦,上台讲三五分钟。为什么?

因为要想停止拖延并开始你的脱口秀旅程,最好的动力就是对当众出丑的恐惧。

如果你是一个脱口秀演员,你很可能会对自己十分挑剔,永远不会有觉得自己足够自信或者已经准备好了的时候。事实上,我第一次讲脱口秀的时候完全没有准备演出内容,没有排练,没有写好的段子。

毫无准备被迫上台

我职业生涯的开始是做魔术师,我需要把巨大的行李箱从一个演出地点带到另一个演出地点。我的一个魔术是逃脱术,从一个被层层绳索绑起来的大垃圾桶中逃脱。想象一下——我得把大垃圾桶装进出租车,在纽约肯尼迪机场的入口卸货。

有一次,我去世界闻名的芝加哥花花公子俱乐部参加一场演出,《花花公子》杂志的创始人休·海夫纳(Hugh Hefner)也会来观演。糟糕的是我的行李没有到。我没有表演魔术需要的道具,只能去俱乐部告诉那儿

---

① 国内多数俱乐部的开放麦会有审稿机制,需要先提交稿件才能报名。

的经理，美国联合航空公司把我的行李弄丢了。他用毫不掩饰的芝加哥黑帮口气告诉我，我得上台，"不管有没有把戏可耍"。我走进兔女郎更衣室（那儿真的有这么个房间），在职业生涯会在那天晚上终结的恐惧中哭了出来。那一刻，我意识到我只有两个选择，逃跑（职业生涯绝对要完蛋）或者走上舞台说出真相（职业生涯同样要完蛋）。

虽然心惊胆战，但我还是走到聚光灯下说："美国联合航空公司是一个比我更好的魔术师。他把我所有的道具都变没了。我现在什么魔术都变不了——除非有哪位观众正好随身带了一副牌、一把锯子和一些手铐。"观众笑了。我开始详细地告诉他们我本来会表演的魔术，以及这些魔术会让他们多惊奇。观众笑个不停，我的真实经历与他们建立了情感连接。那天晚上休·海夫纳真的来看了演出。他甚至邀请我去了传说中的全真皮装修娱乐室（令人失望的是那里其实用的是廉价的塑胶材料）。

虽然当时非常恐慌又没有道具，但我的这次冒险登台收到了奇迹般的效果，我被邀请继续在全国各地的花花公子俱乐部演出，这次是作为一个脱口秀演员，终于只需要带随身行李了。

> 我已经达到了这样一种心理状态：如果我没有在做冒险的事，我就不开心。我需要感受到自己的恐惧，这样我才能确定自己正在迎接挑战。
>
> ——金·凯瑞

你还在等什么？马上大胆行动！

不管怎样，你都得在今天报名做一次当众演出。把它想象成兴奋状态下的即兴表演。肾上腺素是脱口秀的源头。去上一次开放麦，在婚礼上致一次敬酒词，就算给你工作的部门做一次演讲或者参加本地的才艺秀试镜也可以！在我们做第1章的各项练习时，你必须想象自己表演的场景。不要等待自信或灵感到来，要想有足够的动力，最有效的方法就是在日程表上立一个步步迫近的最后期限，如果到这个期限还完不成创作就要当众出丑了。

现在是时候迈出自我肯定的第一步了。

脱口秀的不同舞台①

全世界到处都有供脱口秀明星表演的高级俱乐部，能够登上它们的主舞台是一种荣幸。有名的演员都要通过竞争才能登上这样的舞台，所以在你成为经验丰富的专业演员之前，想要登上这些舞台是不现实的。考虑下面这些场地。

新手起步点："带客来"演出

很多俱乐部都在主舞台之外附设了较小的演出场地，如洛杉矶"喜剧商店"（Comedy Store）俱乐部的"肚皮室"（Belly Room）和纽约哥谭脱口秀俱乐部（Gotham Comedy Club）的地下室，俱乐部在这种小场地举办"带客来"演出。演员要自己带来一些付费的客人才能获得上台的时间。换句话说，你的脱口秀水平不如你的带客能力重要。这些演出的质量参差不齐，一个水平糟糕但是能带 30 个朋友一起来消费娱乐的演员在这里获得的优先级，要高于那种水平极佳但是没能带来顾客的演员。

"带客来"演出的场地负责人可能会像个混黑道的，之前有个学生曾经告诉我，一个演出负责人因为我学生带来的客人比之前承诺的人数少，就试图敲诈他的钱。如果你居住的地区脱口秀行业不发达，这种演出可能是你最初唯一的选择。

"带客来"演出与其他所有演出的共同点是，卖座最重要。这是你作为一个脱口秀演员的价值，不管你是刚刚开始还是已经成为俱乐部头牌演员。现在就开始研究获得上台时间的策略吧。

---

① 本节关于不同舞台描述中的"俱乐部"原文为Clubs，在欧美的演出体系中脱口秀俱乐部主要是专门举办脱口秀演出的场地，与国内通常由本地演员群体成立，不一定有自己场地的俱乐部不同。另外本节中部分演出形式在国内并没有对应的形式。

> **你愿意为喜剧付出多少?**
>
> 我以前的学生雪莉·谢泼德(Sherri Shepherd)从芝加哥搬到了洛杉矶,全身心投入喜剧事业。她参加了我的脱口秀工作坊来学习基础知识,然后每晚参加两三个开放麦,她开一个半小时的车,只为了在一家餐馆讲五分钟,然后再开车一个小时去另一家酒吧,只为了上台三分钟。通过不断努力付出,她的脱口秀水平越来越高,最终上了 20 多次《艾伦秀》(*Ellen DeGeneres's Show*),出演情景喜剧,并成为大受欢迎的电视访谈节目《观点》(*The View*)的常驻演员。在她职业生涯的巅峰,她主演了以她本人名字命名的情景喜剧。

脱口秀俱乐部的开放麦

大多数脱口秀俱乐部都有开放麦之夜,但你应该考虑晚一点再报名那些著名俱乐部的开放麦,直到你打磨好自己的段子和表演状态。因为无论你有多好,你在那里的专业演员身边看起来都会是青涩的。额外收获:这些俱乐部经常为脱口秀新手提供课程和个人展示材料,这意味着你可以拿到自己的表演视频。

酒吧里的开放麦

很多酒吧在客流量较少的时段都有为了招揽客人而举办的开放麦。为了获得上台时间,你通常只需要买 1 杯饮品。你可能会在下午一点表演,观众只有和你一样的新人演员。所以你可能要准备一些关于新人脱口秀演员生活有多难的段子,才能让笑声继续。

> 《今夜秀》(Tonight Show)的前主持人杰·雷诺(Jay Leno)刚入行的时候会抓住一切演出机会,就算被安排在精神病院给病人演出也不拒绝。他曾经花4小时从波士顿开车到纽约,只为了能登上"即兴"脱口秀俱乐部的舞台。俱乐部老板巴德·弗里德曼得知雷诺每周至少要这样长途开车来一次,对雷诺留下了深刻印象,并给了他更好的机会。坚韧不拔和努力工作是雷诺培养自己能力和提升业内名声的方式,最终他获得了世界性的成功。

主题秀

为了在没有正式演出的日子填补空档,很多大城市的脱口秀俱乐部每周会有一天举办主题秀。有些主题秀会请特定职业从业者来演出,比如那些好笑的会计师、出租车司机和教师。另一些场地则会举办主题故事之夜,主题可能是"心碎故事""亲密关系"或"有负罪感的秘密"等。并非所有讲故事的活动都适合脱口秀演出,但是只要你开始展现自己的声音,并开始参加开放麦,你就能更好地确定哪些演出场地更适合你。

教堂和寺庙

只要看看长颈鹿的样子,就知道造物主也有幽默感。你祷告的地方也可能成为演出的舞台,一些宗教组织会为信徒举办脱口秀演出,只要你的段子不会冒犯到虔诚的观众,你就可以获得演出机会,甚至获得报酬。

当你有 20 钟好段子

如果你有 20 分钟打磨好的段子，可以考虑下面这些舞台。

预售票演出

预售票演出是演出方提前售票的小规模商演，通常在脱口秀俱乐部、咖啡馆或酒吧的内部场地举行。虽然你并不需要带一些买票的观众来，但如果你能带票通常会对你有所帮助。你还应该通过社交媒体、电子邮件、短信等向你的粉丝推荐这次演出。作为回报，你可以当主持人或做开场演员。要参加这样的演出，首先去其中一些演出现场当观众，坐在主持人可能会注意到你的地方。稍后，找机会跟主持人聊天并询问如何才能在那里表演。演出运营者会把机会给那些他们认识和信任的人，所以要对每个人都保持礼貌。同时你也要利用这个机会认识同场的其他脱口秀演员。

慈善组织和非营利组织活动上的演出

知名脱口秀演员们经常会在各类慈善活动上表演。有些时候脱口秀演员之所以能得到这些演出机会，是因为他们对慈善事业充满热情——无论是为了动物保护、癌症研究还是其他重要的原因。当一场慈善活动没有专业演员参加时，可能会有你的机会。

> 脱口秀演员诺妮·山尼（Noni Shaney）主动为一个帮助无家可归者的非营利组织进行了免费表演，通过这次表演她又获得了三次有报酬的慈善演出机会。观众中的演出组织者喜欢她把自己段子的话题与慈善事业结合，以及她演出结尾的设计：用段子再次提醒人们慈善捐款活动的重要性，而不只是在搞笑。

喜剧比赛

有没有梦想过成为俄勒冈州最好笑的人？赢得这样的比赛也可以为你争取机会。搜索你附近即将举办的喜剧节和比赛。

> 另一位我脱口秀工作坊的毕业生维姬·巴勃拉克在电视节目《美国达人秀》中进入了决赛。在此之前，她在电视节目《尼克深夜秀》(Nick at Nite)上赢得了"美国最好笑的老妈"的称号，后来又在拉斯维加斯演出，同时还有电视制片人为她制作节目。

当你有 1 小时好段子，演出效果特别棒

自己包场演出

有些场地运营方会向外界开放出租业务，你付出固定的场租费用，或者约定好保底租金加票房分成后就可以使用这些场地，它们可能是脱口秀俱乐部、剧院、多功能厅、酒店会议室或其他场所。只有当你拥有足够多忠实粉丝的时候，你才能自己租场地演出，因为在办这种演出的时候你需要自己负责所有的宣传和卖票工作。如果你卖不出票，就得自己承担所有的损失（很可能是一大笔钱）。

做脱口秀明星的开场演员

如果你有了 1 小时的好段子，去借助一位明星的影响力是让自己也成为明星的好办法。丹·奈南（Dan Nainan）就是这样成功的，他从一个新手变成了能在几千位观众面前表演的演员。

奈南来到我的脱口秀工作坊时，在英特尔担任中层经理，但他渴望成为一名脱口秀演员。他的多数段子话题是他的印度日本混血身份，这引起了加拿大脱口秀明星罗素·彼得斯（Russell Peters）的注意。彼得斯1989年在多伦多开始表演脱口秀，在2013年《福布斯》的脱口秀演员收入排行榜上排名第三，他的段子主要话题就是他的印度裔身份。

一天晚上，在一场演出后回家的路上，奈南决定去纽约"即兴"脱口秀俱乐部，看看能否赶上一段罗素·彼得斯的表演。他到达的时候彼得斯刚好讲完段子下台，奈南听到演出负责人在哀叹：观众没尽兴，还想看更多内容，但是当时已经没有其他脱口秀演员了。奈南提出想上台表演，因为他表现得非常自信，负责人给了他一个机会。彼得斯看了他的演出，对奈南的段子赞不绝口，把自己的电话号码给了奈南。

那次莽撞的自信让奈南获得了为彼得斯的多场演出开场的机会，从那时起，他们在世界各地的俱乐部和大剧院一起演出。

关注那些出名的脱口秀演员，了解他们。他们曾经和你一样是个新人，更重要的是，你也有机会像他们一样成为明星。

企业的商务活动

大公司在举办大型活动（销售会议、年会、培训、员工动员会、研讨会等）的时候经常会想要加个脱口秀表演环节。一些全球五百强公司会请脱口秀明星来，每场演出的报酬超过10万美元，但更常见的情况是，公司举办一些不那么重大的活动，他们只需要内容干净且与政治无关的段子。要获得这种演出的机会，你通常需要一个经纪人。以下建议仅供参考：为企业做商务活动演出时不要搞成励志演讲。

制作你自己的演出

开发和推销你自己的演出可以创造很好的机会。获得观众需要付出艰苦的努力，但如果你拿出了成熟的演出，那总会有用武之地。比如一些之前上过我的课的学生就成功地将他们的"脱口秀之夜"演出推销给了机场附近酒店的酒吧。大家都知道，机场附近酒店的酒吧里总是有一些困在这里等待第二天班机的旅客，这是个稳定的客源。一个你必须注意的问题是：制作脱口秀演出需要耗费大量的时间和精力，这很可能会影响到你自己的表演生涯。

所以……准备登台表演吧！

练习 5：报名上台

喜剧创作练习册 > 练习 > 练习 5：报名上台

搜索"我附近的开放麦"查找本地的脱口秀开放麦。务必确定这些开放麦仍在举办，因为很多信息并不会及时更新（脱口秀俱乐部经常是以效率低闻名的）。

将地点列表复制到"练习 5：报名上台"中，并确保自己遵守报名规则，这样才能确保你获得上台时间。有些开放麦要求不严格，你只要直接来就行。但是一定要在你的日历上用笔标记好你报名的开放麦的日期！

"好吧，朱迪，我做完了。我报名参加演出了。现在我开始恐慌了。"

你完全可以上台表演。开放麦给每个演员上台的时长可能是 5 分钟，但你只有 3 分钟也没问题。好消息是多数开放麦对演员提前下台持宽容态度。表演时长 3 分钟，每 15 秒一个段子，你只需要写……12 个段子就够了。

可以通过社交媒体账号发布你的表演时间！

可以加入一个脱口秀演员组成的群体，看看其他人在哪里表演，并支持他们的演出。记住：你的职业生涯不应该是孤立的。

害怕吗？让我来帮帮你。

四个战胜怯场的小提示

脱口秀演员的思考方式与常人不同。在别人发现难题的时候，我们发现的是笑点。我们对生活的看法是扭曲的，或者说是反直觉的。糟糕的家庭关系或者断了一条胳膊都有好处：它们会成为段子的素材。为什么不把我们的恐惧转化为脱口秀表演的助力呢？

> 将生活难题转化为笑点：
> （手臂打着石膏在台上走）"我在洛杉矶已经好多年了，看！终于有人要给我做雕像了！"
>
> ——朱迪·卡特

参考以下提示。

1. 恐惧是一种巨大的动力

害怕一件事会迫使你为这件事做好准备。如果你要进行第一次潜水，对有可能在水下死掉的恐惧会迫使你仔细检查设备，并认真回忆训练的每个细节。表演脱口秀也一样。对在台上冷场冷到死的恐惧会转化为动力，迫使你花更多时间来修改和提升你的段子。你也可以与你的喜剧伙伴进行更多的互助讨论，或者接受更多的脱口秀培训。

2. 恐惧让你兴奋

你的心跳加速，紧张到胸中翻涌不停，呼吸变得急促，你的身体因期待而颤抖，分不清是恐惧还是欲望。利用这种感觉，在精神层面上将恐惧转化为兴奋，享受肾上腺素激增的感觉。就像刺激的过山车一样，当这种体验结束时，你会想要再来一次。

3. 缺乏信心也可能是加分项

有件事可能会让你惊讶：最自信的脱口秀演员通常不是最好笑的。在我的工作坊里，那些对自己的段子或表演水平深信不疑的脱口秀演员，表演效果往往不尽如人意。观众通常会更喜欢那些更真实、愿意暴露自身的脆弱和不安全感的脱口秀演员。

会担心观众的反应是正常的，就算经验丰富的脱口秀演员也一样会担心。我们都有自身的不安全感，都会对他人的坦诚做出回应，你的观众也一样。去看《宋飞正传》（*Seinfeld*）制片人兼编剧拉里·戴维（Larry David）的电视喜剧《抑制热情》（*Curb Your Passion*），观察他如何运用自身的不安全感。

4. 恐惧也可以很有趣

就像你生活中的所有事情一样，恐惧可以成为素材。把它融入你的表演中。它也是一个很棒的与观众建立连接的角度，所有人都能对恐惧共情。对恐惧的描述可以成为一种让观众更集中注意力看你表演的方式。

在下一个练习中，我们会把你的恐惧变成救场的段子。

将恐惧转化为段子

我之前的学生苏珊·林奇（Susan Lynch）在社交媒体上讲了她如何将恐惧转化为段子的故事："我对第一次上台表演脱口秀充满恐惧，我对一个同事说：'我很怕在上台的 7 分钟时间里，全场观众都不会喜欢我。'我的同事说：'别担心，过了这 7 分钟他们也还是不喜欢你。'我在台上讲了这个段子，观众大笑起来。它现在是一个非常好用的开场白。"

练习 6：从怯场到救场

喜剧创作练习册 > 练习 > 练习 6：从怯场到救场

"如果我在台上忽然大脑一片空白怎么办？"

有些学生会担心在台上忘记自己的段子。你猜怎么着？这是不可避免的。当你在台上显得非常惊恐，观众安静下来，最后你承认自己忘词了的时候，他们通常都会笑出来。"我忘词儿了！我上幼儿园的时候拿铅笔戳鼻孔，戳得太深了伤到了脑子！"这经常会成为演出中观众笑得最开心的部分，因为这种情绪太真实了。要相信如果你在演出中出现了失误，你也有能力挽救。

在练习册中的"练习 6：从怯场到救场"部分写出你最害怕在演出中出现的三种状况：

1. _____
2. _____
3. _____

现在，选择一种状况，想象它正在发生的情景。想想如何把那个恐怖的时刻变成与观众建立情感连接的时刻。想不出来？让我来帮你。你今天要写出自己的救场段子。

随身准备个移动电源是件好事，以防你的手机没电，对吧？与此类似，为了应对万一忘段子的场合，准备个救场段子也会让你感到更安全。承认"我忘词儿了"是可以的，但你也会需要一些内容来帮助你恢复到正常演出状态。以下是一个示例。

我以前的学生卡洛琳·佩莱蒂埃（Carolyn Peletier）说："糟糕！我忘词儿了。大家先等等，我重启一下大脑。"

> 警告：本书中的段子仅供示例。不要抄这些段子，特别是俱乐部里也可能有人读过这本书，这对你不好。

在"练习6：从怯场到救场"页面上写下3个你忘词儿的时候使用的救场段子。

现在，准备进入创作段子和培养自信过程中最重要的步骤——你需要一个团队。

寻找完美的喜剧伙伴

"朱迪,我在生活中很好笑,但如果我只是坐下来写东西,就没那么好笑了。"

谁让你只是坐下来写的?喜剧素材发生在生活中。你在生活中好笑很可能就是因为你有一个观众可以对你好笑的点做出反应。克服恐惧、拖延和创作焦虑的最好方法,就是与另一个人互相帮助一起读完这本书。为此,你需要一个喜剧伙伴。

好的喜剧伙伴应当有什么特质?
- 他是一个让你觉得相处舒服的人。
- 他是一个你可以在他面前说任何话的人。
- 他是一个能准时出现不放鸽子的人。
- 他是一个认为你很好笑的人。
- 他是一个不是为了钱才跟你在一起的人。

很少有脱口秀演员单独创作内容。围绕一个话题反复讨论,让想法碰撞,通常会产生有生命力的优秀素材。如果你想要让自己的演出打动观众,与人合作带来的化学反应和能量是实现理想的基础。

> 在你探索人生时,要对与他人合作持开放态度。大家的想法往往比你一个人的想法更好。找到一群能挑战和激励你的人,多和他们在一起,这将改变你的生活。
>
> ——艾米·波勒(Amy Poehler)

关于与喜剧伙伴的关系,要记住这 4 件事:

（1）**保持同频**。要选择喜剧伙伴，先要认真看这个人的脱口秀演出或者至少是文本，这表现了你对对方的尊重，也会鼓励对方认真看你的内容。没必要选择与你的段子内容、风格相似的人。事实上，与一个创作主题风格完全不同的人合作可能会更有成效。但是你们必须相互尊重彼此的创作，我工作坊的一些学生与他们的第一个喜剧伙伴保持着终生的合作关系。

（2）你的日程表上总是要有一个和喜剧伙伴会面的日期。这对坚持伙伴互助和严肃对待互助过程非常重要。

（3）**设置时间限制**。一个人听并做笔记，而另一个人站起来全情投入表演自己的段子。然后两个人反转角色。两个人讲段子的时间应当是一样长的。

（4）**阅读文本并给出建议**。在表演你修改过的段子之后，将相同的时间投入到你喜剧伙伴的段子修改上。提供反馈并帮助彼此打磨文本中的一些笑点。

> 找一个脱口秀演员朋友，给他打电话或相约见面，互相讲段子、前提、想法。快速给对方好笑或不好笑的反馈，态度要诚实而温和，不要用沉默回避交流。告诉他你是否听过类似的段子。两个人效果最好。这是最有趣和最有帮助效果的练习之一。
>
> ——加里·古尔曼（Gary Gulman）

找到你的喜剧伙伴吧。

练习 7：找到你的喜剧伙伴

喜剧创作练习册 > 练习 > 练习 7：找到你的喜剧伙伴

访问脱口秀演员聚集的社交媒体页面，发帖说明你想要与什么样的喜剧伙伴合作。不要只说你要找什么样的人，还要说明你可以为对方提供哪些帮助。你找到喜剧伙伴的速度可能会比你在社交媒体上发现一个傻子的速度还快。

在练习册中"练习 7：找到你的喜剧伙伴"部分，写下：

1. 可能成为优秀的喜剧伙伴的目标列表，包括他们的姓名、电话号码和电子邮箱。

2. 你和他们每个人的初步沟通结果。

3. 你和他们每个人见面或进行视频聊天的日期，以及你们会面沟通的结果。

4. 确保你们俩都为上台演出报名了。

顺便说一句，你没有报名上台演出，对吧？

"天啊，朱迪！你是怎么知道的？！"

因为你是一个好笑的人，好笑的人都有拖延症。一个承诺只有在亲口表达出来后才有约束力——对你的猫说不算数，要对另一个人说。具体到报名演出这件事上，要有一个真的期望你出现，想看你的脱口秀演出，希望你好笑的人。你找到一个喜剧伙伴了没？

去找一个。喜剧伙伴会让你对每周的讨论和创作任务有责任感，并对创作成果保持关注。你的喜剧伙伴不仅是支持你、帮助你的人，他也是你能完成这项工作的原因。

本书的下一部分将聚焦如何从无到有地创作内容，这可能是一项艰巨的任务。

> 一个快速问答:你今天用了至少 10 分钟去创作段子吗?唯一合格的答案是"是的"。如果你还没写,请立即停下其他事去写段子。不要打断链条。

现在,在给自己报名上台和找到一个喜剧伙伴之前,不要继续往下读!当你在日历上写好了上台演出日期后,我们继续下一步:写段子。

第 2 章
脱口秀工作坊：
13 个写段子练习

人生即段子：找到你的真实话题

写新段子的第一步是找到你的话题，然后围绕这些话题写很多东西。一个话题本身并不好笑——它可能会让你愤怒，或是激发你另一种强烈的情绪，或者至少也得是一种观点。请记住，一个话题越严肃，你就越有可能让它变得非常好笑。

寻找真实话题最好的开始方向是你的现实生活：你的职业、你的女朋友/男朋友、你的家庭……甚至是你的悲惨经历。你不是在做一份悲惨的工作——你是每天有 8 小时在自动积累段子素材；你不是在经历一次糟糕的分手——你是在抽泣中准备写出 10 分钟精妙的新段子；你头上的不是后退的发际线——是脱口秀的金线。

脱口秀是化生活难题为妙语解颐的艺术。

> 脱口秀演员就是用自己经历的一切倒霉事来逗人发笑。
> ——克里斯·洛克（Chris Rock）

敢于挑战不好笑

关于创作脱口秀，最好的建议之一就是谈论（或写下）那些对你有意义的事情。这会为你的表演带来真实性，也会让你更容易写出段子和记住段子。你可能最初没法让观众笑出来，但你可以上台与观众交流你内心对某一件事的真实感受。

> 对我来说，最好的脱口秀就是让人们对他们从未发笑过的事情发笑，把一束光照到人们心灵里的黑暗角落，让隐秘的思绪暴露在光明中。
>
> ——比尔·希克斯（Bill Hicks）

选择不好笑的话题

脱口秀演员的工作是发现大多数人难以发现的笑点。如果你选择话题只是因为它们本身已经很好笑了，比如性、放屁或拉屎，那就太俗套了。只有专业脱口秀演员才能在通常没人认为好笑的事情中找到幽默感。

例如，脑瘤有什么好笑的？没有……除非你是吉姆·加菲根（Jim Gaffigan）。加菲根的专场《高贵的猿猴》（*Noble Ape*）开头的段子讲述了他的妻子珍妮接受脑瘤手术并恢复的过程。这当然不是一个好笑的话题。当被问及为什么选用这个段子时，他说：

"我们在生活中都曾经面对悲剧。人们很熟悉这种感受，因为我们都经历过恐慌或悲伤的时刻，所以这样的话题几乎在任何地方都能被观众接受。"

以下是他段子里的一部分：

"这段经历很难，但那个肿瘤已经切掉了，我在夫妻吵架中获胜的机会也被切掉了。不是说我以前就总能赢，但现在我彻底没机会了。幸运的是，我的妻子不是那种吵架时把自己有病挂在嘴边的人。好吧，她也干过一回，她说：'我脑子可刚做过手术。'我总不能反击她说：'是啊，那都是一个月前的事了。你也该放下了吧？你做过手术，我还花粉过敏呢！我们都有自己的麻烦事。'"

离婚通常是非常痛苦的人生大事，克里斯·洛克在他的网飞专场《铃鼓》（*Tambourine*）中讲了很长一段关于离婚的段子：

"我要拼命跟我前妻竞争，让孩子们更喜欢我。'我不知道你们在你妈那儿玩了些啥，但爸爸绝对要盖过那边。'有时候我请明星回家做客，就为了让孩子们回到妈妈身边的时候一定有故事可讲：'妈妈！妈妈！德雷克（Drake）帮我做作业！Lady Gaga 给我做了一个烤奶酪三明治！'"

我的每一个学生在开始创作时都害怕展示自己生活的真相。他们宁可写点烂俗的黄段子，也不愿透露他们生活中真正发生的事情。你生活的真相不一定是悲剧性的，但如果你对揭露它感到紧张，它很可能正是你段子的一个好话题。生活的真相可以非常搞笑，它可以以一种有意义和令人难忘的方式触动观众。

避免俗套的话题

俗套的话题可以是任何不真实、过头和非原创的内容。它包括但不限于：飞机餐，交通，厕所，壮阳药，屎尿屁或任何以液体、固体或气体形态从洞里喷出来的东西。毕竟，你的观众可能正在吃东西。你要让他们笑，而不是呕吐。

那些让观众感觉已经与自己无关的过时老段子也属于烂俗话题，如那些关于前总统、上个世纪的名人、猫和狗有什么区别的段子。

> 正如脱口秀演员加里·古尔曼所说："当我开始做脱口秀时，新英格兰地区可能有 50 个脱口秀演员在'为同性恋人群发声'，另外 25 个演员在'为印度裔人群发声'。你要避免讲这种东西，就算你不觉得这些'声'过于偏执，也别变成一个只会讲俗套段子的演员！"

不要做那些和别人没区别的事情。

为了找到好笑的东西，我们需要乐于展示自己不那么完美的地方。找到你的真实话题。

练习 8：找到你的真实话题

喜剧创作练习册 > 练习 > 练习 8：找到你的真实话题

接下来的几个练习是严肃紧张的。坚持住，按照指示做：

- 研究你的生活，写出一个话题列表。
- 将列表缩减为三个主要话题。
- 深入分析思考这三个主要话题。

和你的喜剧伙伴一起做这个练习。别着急，要彻底想清楚，因为这可以奠定你未来几年内段子的基础。这是你脱口秀创作的出发点。与只有三条腿的赛马不同，你不会刚一开始就很好笑。你要一步步掌握写出好笑东西的技巧。任何专业的脱口秀演员都会告诉你，当你刻意追求"好笑"的时候，你的表演就会丧失真实感。

> 在喜剧创作练习册中做这个练习。

1. 找到你的真实话题：你的工作或职业

据统计，95% 的脱口秀新人认为他们的职业很无聊，不想把职业生活作为自己脱口秀表演的基础话题。尽管如此，以脱口秀创作者的眼光来看待你的工作，你会发现大量的素材。

请记住，你的话题并不需要一开始未经处理就很好笑。面对现实吧，如果你真的很痛恨你的工作，这正是拿工作来写段子的好理由。

> 如果你开始时完全不知道该如何让一个话题变好笑，没关系。信任创作过程。

> 我以前是个高中英语老师，但后来不得不换一份工作。我没法处理老师这份工作带来的金钱和声望。
>
> ——莫妮卡·派珀（Monica Piper）

> 我是网约车司机。奇怪的是，乘客们觉得他们有必要来跟我聊天。上车的时候时，他们问的第一件事是："你干这活儿多久了？"这个问题真正问的是："你的人生到底是什么时候分崩离析的？"
>
> ——内特·班迪泰利（Nate Banditelli）

> 脱口秀的重点不是选择好笑的话题。正好相反，重点是如何把普通的话题变好笑。

在"练习8：找到你的真实话题"中，列出你曾经做过的所有工作。

1. _____
2. _____
3. _____
4. _____
5. _____

2. 找到你的真实话题：你现在处于人生的哪个阶段？

人生是由一系列不同阶段组成的，基于这些阶段发生的大事写段子，可以让你与观众建立情感连接。考虑以下人生阶段：

- 进入青春期
- 高中
- 与父母同住
- 上大学
- 20多岁
- 合租
- 求职面试
- 困在不满意的工作中
- 买第一套房
- 育儿（包括孩子的婴儿、幼儿、少年、青少年时期）
- 人到中年
- 照顾年迈的父母
- 退休
- 成为空巢老人
- 搬到退休老人社区

> 学习脱口秀最重要的是从你真实的自己开始。如果你通过模仿别人的节奏来开始学习过程，你会更快获得笑声，但你不会是独一无二的。
> ——丽塔·鲁德纳（Rita Rudner）

> （上大学）大学很棒。整个人生中只有在这个时间段，你才能写一张面额仅为39美分的支票……然后因为余额不足跳票。
> ——亨利·赵（Henry Cho）

> （20多岁）我们这种讨厌父母的孩子，其实只是对父母抱有不切实际的高标准。我们认为父母应该是"完美神灵"，他们不是。他们只是普通人类，有糟糕的一面，就像我们每个人一样。我们就应该这样向别人介绍他们："这是我老妈老爸，朗达和蒂姆，他们尽力了。"
>
> ——泰勒·汤姆林森（Taylor Tomlinson）

> （人到中年）现在我随身带着一本小册子，上面列出哪些鱼肉的汞含量最高。想让约会顺利吗？在晚餐时拿出这本小册子："看看这个，我们可以点比目鱼。还有谁能告诉你点比目鱼对身体好？看我是不是很关心你？"
>
> ——拉里·戴维

> （与父母同住）今天早上我吃早餐的时候，看到报纸上说越来越多的成年人还住在父母家里没有独立生活。这让我很惊讶……我当时就说："妈，你看到这个没？"
>
> ——布莱恩·雷根（Brian Regan）

在"练习8：找到你的真实话题"中，列出现在你可以写的人生阶段：

1. _____
2. _____
3. _____
4. _____
5. _____

3. 找到你的真实话题：你的感情状况如何？

- 单身
- 恋爱中
- 开始同居
- 已婚
- 离婚或正在离婚
- 离婚后寻找新感情
- 第二、第三、第四次婚姻
- 与前任复合
- 开放关系
- 一言难尽

> （已婚）我老婆生气的时候不会告诉我。我得靠猜。我上次发现她生我的气，是因为她用吐司面包两端的硬皮给我做了个三明治……这两片硬皮都不是用剩的最后两片面包做的，她是伸手到口袋里，一直伸到袋子最底端才把那片带硬皮的面包掏出来的。一开始我还没注意到，因为她那个三明治是面包芯那面朝外，硬皮隐藏在里面的。
>
> ——迈克·E. 温菲尔德（Mike E. Winfield）

> （已婚）我告诉我老婆，我想要开放式的婚姻。她说："太好了！咱家前门是开放的，滚吧。"
>
> ——阿兰·罗伯茨（Alan Roberts）

观众喜欢感情话题。即使我的五个学生同时讲了"单身"话题，他们也都写出了不同的段子。请记住：这是你与观众建立情感连接的起点。我再说一遍，好笑的不是你的话题，而是你如何处理这个话题。

> （单身）现实不会让你觉得单身生活有多糟糕，直到你打电话约朋友出去玩……你的朋友都没空，因为他们得陪他们的女人。"哟，哥们儿，今天晚上有啥活动没？""哦，伙计，我啥活动都没有。今天是蛋糕星期二，我和我太太要做纸杯蛋糕、红丝绒蛋糕。我负责舔干净装面糊的碗还有别的杂事儿。""舔碗？天啊，你可别恶心人了！""嘿！别跟我发邪火，你不就是想舔都没得舔嘛。"
>
> ——凯文·哈特

> （单身）这就像找工作一样。因为当你第一次找工作时，你真的很挑剔。然后你开始崩溃了。你问你的朋友是否知道有谁在。然后你会愿意接受一份兼职工作，做任何事情都行。
>
> ——马丁（Matin）

在"练习8：找到你的真实话题"中，写出你对自己感情状况的描述。

4. 找到你的真实话题：你是否是种族/性向/宗教/残障少数群体中的一员？

如果你属于少数群体，你可以在对这个少数群体的"愚蠢的刻板印象"中获得很多有用的脱口秀素材。需要注意的是，你必须属于这个少数群体才有资格开玩笑，否则你可能会被认为是种族主义者、歧视同性恋者、反犹太主义者，或者最糟糕的——不好笑。

> （身为混血儿很奇怪，因为……）我们在拍合家欢照片的时候总是有点棘手。前几张照片，我爸爸脸太黑完全看不到，只露出眼睛和雪白的牙齿。然后他们会调整灯光，我爸爸脸上的光线正常了，但我妈妈看起来像一个白色的幻影。
>
> ——阿伊莎·阿尔法（Aisha Alfa）

> 🎤 接受你自己。除非你是连环杀手。
>
> ——艾伦·德詹尼丝

在《美国达人秀》节目中，塞缪尔·J. 科姆罗（Samuel J. Comroe）讲了关于他身患妥瑞氏症[①]的段子：

（身为残疾人）"奇怪的是，有些人怎么就会想去欺负一个患有妥瑞氏症的残疾人呢？他们无论如何也没法获胜啊。要是有个家伙想和我打架。我说：'你来呀！我不怕！我小的时候总被人欺负，现在我成年了，你别想再欺负我。如果你和我打架，倒霉的是你。你要是把我给揍了，那你就是个只会打残疾人的货色。你要是被我给揍了，你就连残疾人都打不过。'"

> （身为移民）警察拦停了我的车，问我车里是否有非法物品。我看看车里的表弟，跑了。
>
> ——费利佩·埃斯帕扎（Felipe Esparza）

在"练习8：找到你的真实话题"中，列出你所属的少数群体或被误解的群体类型。

[①] 此症患者会不由自主动作，包括抽搐、眨眼睛、装鬼脸、面部扭曲，也可能会不由自主出声，包括清嗓子、大叫等。约50%的此症患者会伴有注意力缺陷过动症。

1. _____
2. _____
3. _____
4. _____
5. _____

5. 找到你的真实话题：你的成长经历是怎样的？

成长是什么感觉？你是否在极端虔诚的环境中长大的？你有12个兄弟姐妹吗？有一个过于严厉的母亲吗？很少有人有完全"正常"的成长经历，有些观众也有不寻常的童年，你独特的成长环境会为你和他们建立情感连接。

> 我小时候没有像别的孩子一样去干那些有趣的事，比如参加太空主题夏令营之类的。我爸爸送我去了一个广州的乒乓球训练营。我差点儿就死在那儿了。那个训练营里有100个孩子，竞争一个国家队名额。基本上就是《堡垒之夜》一样的生存游戏，只不过武器是乒乓球拍。我爸爸带我去参加每一次训练，每一场正式比赛，而且他在每一场比赛前都要给我加油打气。但是你知道，亚洲家长跟孩子说话可太直接了。我爸每次给我加油都像在侮辱我。他说："万成啊，万成，你一定能打好比赛，一定能。虽然你速度慢，虽然你力量差，虽然你球打得烂。"然后他转身就走了。
> ——欧阳万成（Jimmy O.Yang）

> 贫穷的生活很奇怪，它能让你获得出类拔萃的创造力。我记得我10岁的时候想要一个可动人形玩具，快到我生日的时候，我爸

给了我一个盒子。我打开盒子，发现是空的。我爸说："这是隐形人玩具！"

我就玩那个隐形人玩具，玩了大约三个星期，然后我弟弟把它藏起来了，我找不到了。哪儿都找不到！我知道一定是他拿的！

——小迈克尔（Michael Jr.）

在"练习8：找到你的真实话题"中，写下你成长经历中不寻常的五件事：

1. _____
2. _____
3. _____
4. _____
5. _____

6. 找到你的真实话题：你在哪些方面是"离水之鱼"（与环境格格不入）？

你是在以传统基督教居民为主的西弗吉尼亚州长大的穆斯林吗？你是在犹太社区长大的非裔美国人吗？你是家里唯一的自由主义者吗？你是家里唯一能说流利英语的人吗？你是一位在男性主导的领域里工作的女性吗？

> 成为一条"离水之鱼"很困难，但这就是进化的方式。
> ——库梅尔·南贾尼（Kumail Nanjiani）

例如，脱口秀演员亨利·赵的段子讲的是他作为亚裔在美国南方长大的童年经历。"我是一个亚裔，说话有美国南方口音。对很多人来说，这就已经很好笑了。"

脱口秀演员加里·古尔曼是犹太人，曾就读于一所天主教大学。他在段子里说："我读的是波士顿学院。这是一所天主教学院，没错，我大学时的绰号就是'犹太人'。"

在"练习 8：找到你的真实话题"中，写下你在哪些方面是"离水之鱼"：

1. _____
2. _____
3. _____
4. _____
5. _____

7. 找到你的真实话题：你的文化传统

你个人身份的很大一部分要追溯到你的宗教、种族、文化和家族历史。例如：

> 做个意大利人很难，因为我们有一大堆愚蠢的神话和信仰，完全不讲道理。在我家，没有人会打死一只飞蛾，因为他们说每只飞蛾都是你一位死去的亲戚。我觉得如果人死了之后要变成一只飞蛾飞回家里，那还不如再死一次算了。每次我回家的时候，都有五只飞蛾在我门口的灯光里飞来飞去。我这辈子就认识两个已经过世的亲戚，是我姑姑和我奶奶，剩下那三个是谁？
>
> ——托马斯·达尔（Thomas Dale）

波拉·庞德斯通（Paula Poundstone）关于她是无神论者的段子是这样的："身为无神论者的奇怪之处在于，我们不会去传教从而让别人也信仰无神论。你不会在星期六早上醒来，看到我在门口，对你说：'嘿，我带了这本空白的经书给你看。'"

下面是脱口秀演员保罗·埃利亚（Paul Elia）的段子，他的话题是当你的冷门背景完全没人了解的时候生活有多难。

"我的种族是迦勒底人（Chaldean）——我们是来自伊拉克，信仰天主教的中东人。没几个人知道我们是谁。我给朋友发短信的时候拼写'迦勒底'，手机就给自动更正改成了'比萨饺'（Calzone），这太让人沮丧了。就感觉手机说：'你一定是要看比萨菜谱吧？'……不，我是要看家谱。"

在"练习8：找到你的真实话题"中，写下你的信仰、民族和/或籍贯：

1. _____
2. _____
3. _____

你现在有了一个话题列表，列表中的话题目前还不好笑，你要把它们写成好笑的东西。首先来优化这个列表。

练习9：选择三个最佳话题

喜剧创作练习册 > 练习 > 练习9：选择三个最佳话题

"好吧，我有很多话题，但没有一个是好笑的。如何选择合适的话题？"

目前你应该已经有了一个包含30个潜在话题的列表。我们把这个列表缩减到只留你最好的三个话题。首先要搞清楚你对这些话题的真实感受，然后专注于那些引发你最大激情和/或愤怒的话题。

尽情宣泄情绪以获得笑声

现在站起来，站在你的喜剧伙伴面前，做一些即兴的表演。我将向你展示如何以态度为切入点，深入研究列表中的每个话题，并判断话题的发展方向。

> 我的第一个脱口秀老师说，我应该谈论那些让我充满激情的事——不管是爱还是恨——因为观众喜欢看到激情。我在台上大声怒斥的那些东西，都是真正惹恼了我的。
>
> ——丽莎·兰帕内利（Lisa Lampanelli）

根据以下说明，带着所有话题大声咆哮，发泄你的真实情绪。

说"（填入你的话题）很（选择一个你对话题的态度：困难/奇怪/可怕/愚蠢），因为……"然后大声吼出你的话题为什么很困难/奇怪/可怕/愚蠢。

例如：

你的话题是"在餐厅当服务员"。

你可以从"当餐厅服务员真的很难！"开始。要真的表现出你的态度！你必须站起来，做出和你在台上时一样的肢体语言，让你的情绪宣泄出来。

> "难怪怕蠢"：困难、奇怪、可怕、愚蠢——这四种基本的态度将在此书中被经常提到。在你成为专业演员之前，别急着改用其他的态度。这四种很好用。

你开始可能会说："在餐厅当服务员很难，因为你的收入主要靠小费，不管你做得多棒，有些人就是不给小费！"

现在，你的话题可能会演变成："对那些不给小费的客人保持好态度很难……"

这个话题引发了你的愤怒，对那些不给小费的客人保持好态度太难了，那种人总会说特别愚蠢的话。这样你的话题就变成了："在餐厅当服务员很难，因为有些客人真的难伺候……"你最终会得到一个这样的段子：

> （在餐厅当服务员很难，因为……）有时候会来那种特别难伺候的客人。一对夫妇进来后问我说："你能保证我们在30分钟之内吃完饭离开吗？"我说："见鬼，你们现在就可以离开了！"
> ——达斯蒂·斯雷（Dusty Slay）

所以，你要对一个话题投注情感，表明你的态度（困难、奇怪、可怕、愚蠢之一），并解释为什么你对这个话题持此态度。

"如果我什么要说的都想不出来怎么办？"

如果你想不出有什么要说的，试着用不同的态度来对待这个话题。例如，如果你的话题没有什么困难之处，那就找找这个话题有没有愚蠢之处。

> 对我来说，喜剧始于一种情绪的喷发，爆炸，然后你从这个爆发点开始加工，如果需要的话。喜剧来自人性更深、更黑暗的一面。也许它来自愤怒，因为我总是对残酷的荒谬性怒不可遏，虚伪存在于任何地方，就连你的内心都有虚伪——自己内心的虚伪是最难发现的。
> ——罗宾·威廉姆斯（Robin Williams）

关于话题宣泄情绪的提示

（1）不要开始讲故事。例如："做女服务员很难，因为我在一家小餐馆工作，有个家伙进来的时候上身没穿衣服，而且……"这是初学者（甚至是有经验的脱口秀演员）在写段子时最常犯的错误。做女服务员很难，因为你在一家小餐馆工作？这话是没有道理的。确保你的态度与接下来关于这个话题"难怪怕蠢"的原因是有逻辑联系的。本书后面会让你了解，这部分内容会成为段子的前提。

（2）在整个宣泄情绪的过程中保持选定的态度。每一句话都要强调你对这个话题的态度——困难、奇怪、可怕、愚蠢之一。

（3）不要试图强行搞笑。恰好相反，目标是要符合逻辑和诚实地表达你对这个话题的感受。如果你在咆哮中发现了一些好笑之处，先把它记下来，继续前进。

> 保证让观众笑不出来的方法就是让段子失去自身的合理性。困惑的观众不会笑。

（4）如果某些话题让你没有可说的内容，跳过它们。

当你和你的喜剧伙伴就你的所有话题发泄完情绪后，在你的喜剧创作练习册中的"练习9：选择三个最佳话题"部分写下你最好的三个话题。这些将是你最有热情讲、可以一直讲下去的话题。如果这些话题目前看起来不好笑，也不要担心。

1. _____
2. _____
3. _____

嘿！查阅你的晨间写作文档，看看你是否已经开始写你选择的这些话题了。也许你已经有一个段子了。在"按话题分类的半成品段子"部分创建多个子文件夹，包括这三个话题以及其他你最有热情讲的话题。

为你最好的三个话题绘制思维导图

现在我们准备好了三个能激起你强烈情绪的话题。如果创作的过程在这里结束,你可以讲一些关于你话题的故事,但这只是开始。下一步是扩展你最好的三个话题,加入更多细节,深入了解这些话题的核心本质。

想学习扩展话题领域的大师之作,请观看吉姆·加菲根极为精彩的网飞专场《高贵的猿猴》,这个专场最主要的话题我之前提到过,非常严肃——他妻子的脑瘤。关于"妻子的脑瘤"这个主要话题,他有五个子话题,他的段子关于:

- 医院
- 医生的专业技能
- 医生的预后(根据经验预测疾病发展)
- 人们说的傻话
- 处理家庭事务

这些都变成了非常好笑的段子。例如,关于医生预后的话题:

"外科医生告诉我,我妻子的肿瘤有梨子那么大……这太可怕了,当时我就想:'这大夫是医学院还是农贸市场毕业的?'"

加菲根在创建子话题下分出的微话题时,真的挖掘到了话题的小细节。例如,医院的子话题变成了更小的细节(微话题):

- 医院名称
- 医院食品
- 医院照明
- 医院的不同科室
- 护士台
- 没法睡觉
- 给卧床病人用的便盆

- 入院手续
- 医疗保险

注意观察一个好的……嗯，良性的话题如何扩展为多种相关的子话题。

所以，如果加菲根要做一个关于他的话题/子话题/微话题的思维导图，它看起来可能像这样：

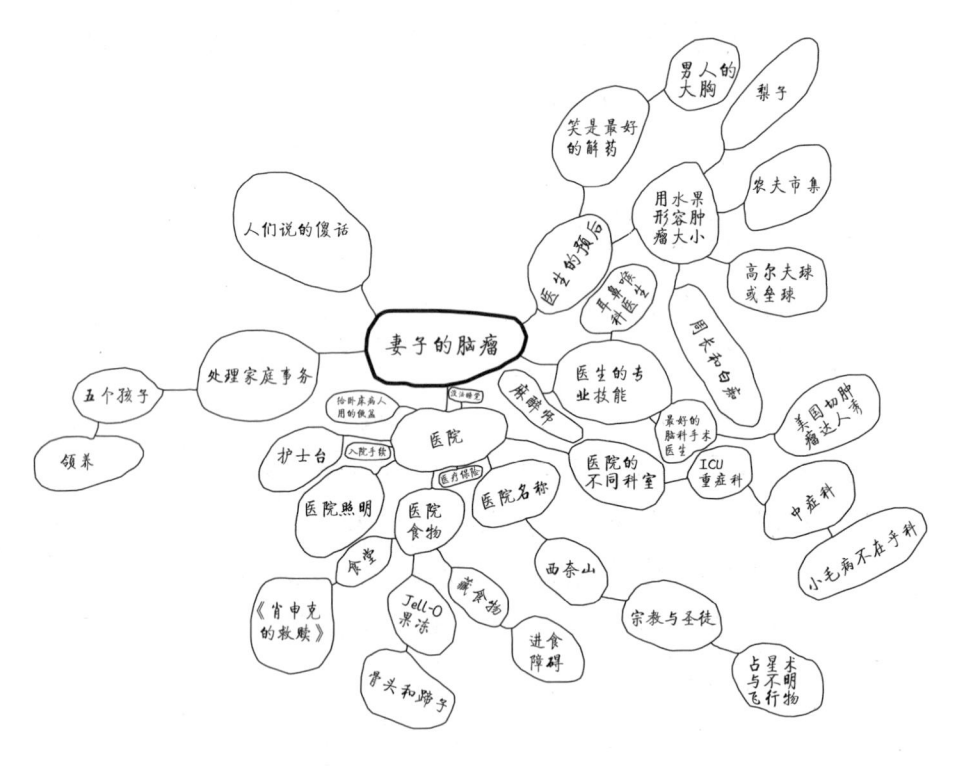

[思维导图：中心为"妻子的脑瘤"，分支包括：人们说的傻话、医生的预后、笑是最好的解药、男人的大胸、梨子、用水果形容肿瘤大小、农夫市集、高尔夫球或垒球、同卵双胞胎、医生的专业技能、最好的脑科手术医生、美国切肿瘤达人秀、ICU重症科、中症科、小毛病不在手科、占星术与飞行物、宗教与圣徒、西奈山、进食障碍、《肖申克的救赎》、Jell-O果冻、拳头和蹄子、禁食物、医院食物、医院名称、医院照明、食堂、护士台、入院手续、医疗保险、医院的不同科室、医院、处理家庭事务、论肿瘤病人用的饭盒、五个孩子、领养]

请注意，这些话题本身并不好笑——是脱口秀演员对这些话题的处理让人们发笑。例如，从医院名称的微话题出发，加菲根给出了"奇怪"的态度并添加了一个呈现，得到了很好的段子。

"我的妻子在纽约市一家名为西奈山（Mount Sinai）的医院接受了手术。（奇怪的是）美国的许多医院要么以基督教圣徒的名字命名，要么以古代以色列的地名命名，当你仔细想这事的时候，就会有点不放心。就像医生会说（开始呈现）：'嗨，欢迎来到我们的医院。我们相信科学，所以我们医院的大楼是以上帝在荆棘里的火焰中对摩西说话的那个地方命名的。侧面这栋楼是以鬼马小精灵（Casper the Ghost）命名的，就在我们的占星术中心旁边。你喜欢不明飞行物吗？我们喜欢。我们医院可太科学了。'"[1]

为了你自己的进步，一定要看加菲根的专场《高贵的猿猴》，看看这个思维导图中的所有话题如何转变为观众的大笑。

> 基于你有哪些话题，你可以找到自己的小众市场定位并获得演出机会。例如，作为一名前教师，我根据自己当老师的经验写出了段子，在很多教育行业的活动和会议上演出。脱口秀演员弗兰克·金（Frank King）表演关于抑郁和焦虑的段子，并将自己的市场定位确立为"聚焦心理健康问题的脱口秀演员"。

现在，让我们为你最好的三个话题绘制思维导图。

练习 10：绘制思维导图

喜剧创作练习册 > 练习 > 练习 10：绘制思维导图

"好，我找到一些好的话题帮助自己热身了。现在该做什么？"

---

[1] 西奈山即后文"上帝在荆棘里的火焰中对摩西说话的那个地方"，出自《圣经·出埃及记》，上帝在此向摩西显灵并赐给他十诫。鬼马小精灵是童书、漫画、动画角色，是一个对人类友善的儿童形态幽灵。

现在来扩展你的话题并找到子话题。在你的喜剧创作练习册中，把你最好的三个话题中的每一个都写在单独一页的顶部，作为主要话题。然后在每个话题下列出五个关于你主要话题的困难、奇怪、可怕或愚蠢之处的子话题。

例如：

糟糕的工作	单身 / 约会中	与室友合租
当餐厅服务员	网上约会	室友心理不正常
差劲的老板	第一次约会后就没下文了	随便用你的东西
遭受苛刻批评	约会与性	租金、水电费分担问题
被开除	见父母	没有私密空间
不给小费的人	发现约会对象在网上给你差评	室友勾搭你对象

现在，把你的主要话题和子话题整理成一个思维导图。如果你使用印刷版的喜剧创作练习册写作，只需填写本节中的各个气球文字框即可。如果使用自制练习册写作，最好进行手绘，将主要话题放在页面中间，在它周围画一个圆圈，然后从该圆圈中延伸绘制至少五项与该主要话题直接相关的子话题。然后，对另外两个最好的话题重复此操作，每个话题单独分页。因此，一页上的话题可能如下图所示：

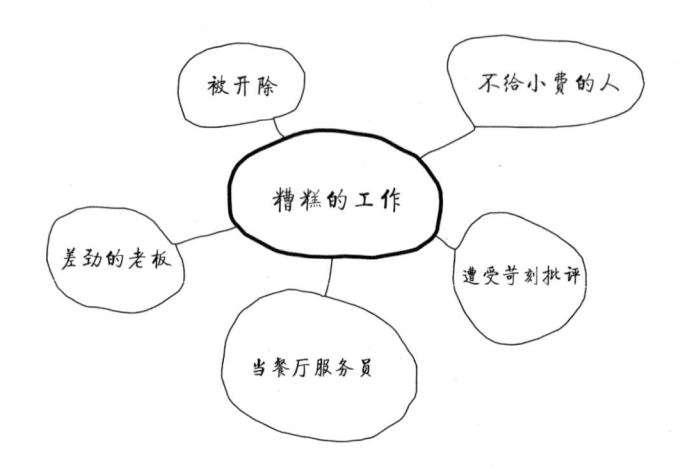

第 2 章　脱口秀工作坊：13 个写段子练习 | 61

你已经将主要话题和每个主要话题的五个相关子话题绘制为思维导图了。现在，你有 25 个子话题要处理，该添加微话题了。

为你第一个主要话题的每一个子话题找到五个相关的微话题。微话题是你钻研更多详细信息的地方，你要像刑侦剧中的主角一样详细分析子话题并深入小细节。

例如，你可以从你的主要话题"糟糕的工作"开始。它的一个分支（子话题）是"当餐厅服务员"。然后，当你创建一个新的思维导图，以话题"当餐厅服务员"为中间的主要话题时，它的一个子话题是"辞职"，而"辞职"衍生的细节（微话题）是"提前两周通知"。花点时间研究下这个思维导图。

然后，当你给出你的态度和相应的呈现时，你就很容易写出一个段子，比如下面这个达斯蒂·斯雷关于辞职需要提前两周通知的段子：

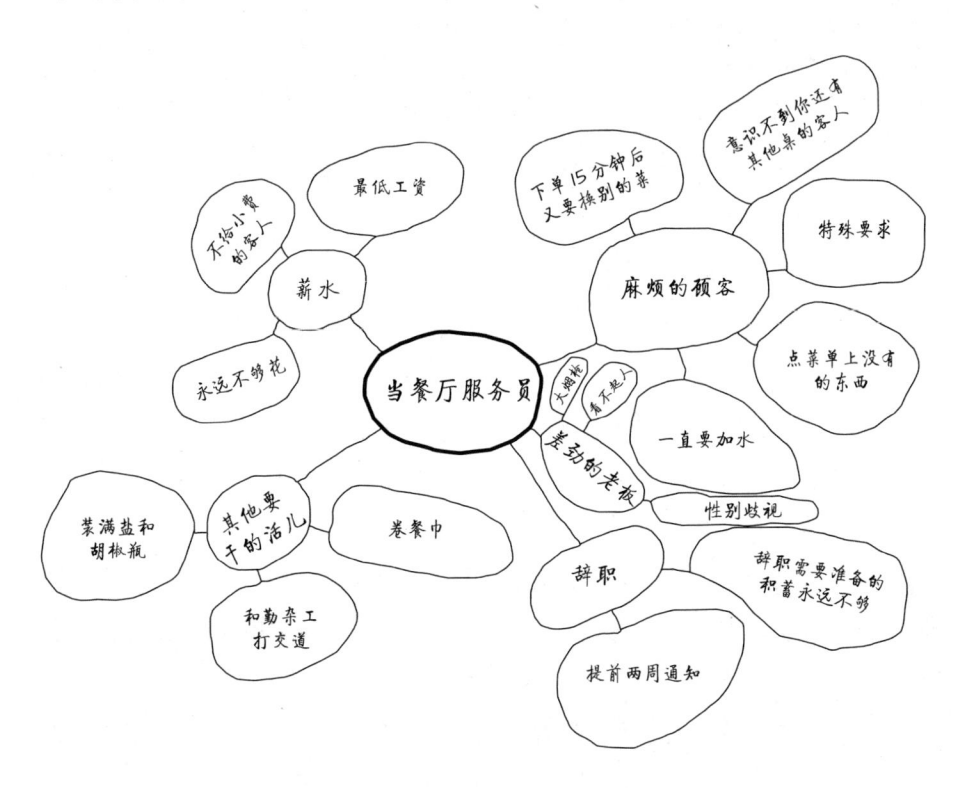

"我提前两周通知了老板我要辞职。不是因为我是一个守规矩的好员工，而是因为辞职前这两周是我整个职业生涯里最喜欢的两周时间。（奇怪的是）哪怕就为了过这两周才入职都是值得的。这两周就像最后到来的小假期一样，因为这两周里我可以在工作时说出我最喜欢的一句话：'我不在乎，我辞职报告都交了。'这句话里有很大的力量。你老板跟你说：'嘿，你今天迟到了。''嘿，我不在乎，我辞职报告都交了。'"

斯雷在"辞职需要提前两周通知"的话题上获得了更多的笑声。

手绘，快速创建思维导图，想到什么直接写，不要预先评判好不好笑。让你的思维导图类似于上面展示的吉姆·加菲根的思维导图。

> **警告**：进行这一步时，很多学生对自己原本的话题失去了信心，开始改变话题，认为话题本身应该很好笑。别这么干！这会破坏你的创作过程，让你最终一无所获。那些信任创作过程的人则很可能写出很棒的段子。

将你的话题变成好笑的段子

"朱迪，我有一些非常无趣的话题。我怎样才能让它们变得有趣呢？"

在下一个练习中，你会尽情宣泄，想出好笑的东西。不要自己审查自己。如果咒骂和脏话能帮助你打破创作过程中的障碍，那就骂。在创作段子的开始阶段，你需要把自己从所有限制中解放出来！不要担心你妈妈看到你的表演会怎么想。最重要的是，允许自己暂时不好笑。有种想法认为，段子从你的嘴里冒出来的时候就应该已经完全成型。这种过高的期望必定会毁掉你的创造能力。如果你内心有个挑剔的批评家在评判你刚写出来的段子，让他滚蛋吧！

好的，恭喜你！你已经有了很多真实的话题。你拥有的话题越多，获得观众笑声的机会就越大。现在让我们再来发泄一次情绪！

练习 11：用态度处理话题

喜剧创作练习册 > 练习 > 练习 11：用态度处理话题

喜剧伙伴合作练习

是时候和你的喜剧伙伴一起就你所有的话题（包括每一个子话题和微话题）发泄情绪了。

"但是朱迪，我们不是已经做过这一步了吗？"

是的，但这次你不是为了找到你的话题，而是为了找到好笑之处。如果你只是干坐着试图写点抖机灵的东西出来，你是写不出正经段子的。你必须暂时离开大脑的逻辑部分，让你的直觉成为主导——激发你的创造力。再一次，你会在你的喜剧伙伴面前尽情咆哮，发泄你的情绪，以特定的态度谈论每一个话题。

特定的态度指这四者之一：困难、奇怪、可怕、愚蠢。

假设你的一个真实话题是你作为一个非裔美国人生活有多困难。当你填写你的思维导图时，药物滥用成了它的一个子话题。所以，当你宣泄情绪时，也许你的态度会从困难转向愚蠢，你的话题会转向愚蠢的刻板印象，即所有非裔美国人都滥用药物。接下来，你开始写"这太愚蠢了，因为……"旺达·赛克丝（Wanda Sykes）关于此话题创作的结果是这个精彩的段子：

"身为黑人，我们甚至拿不到阿片类药物（主要用于止痛，在美国被严重滥用），医生甚至不给黑人开这类药的处方。白人想得到阿片类药物太容易了，就跟买薄荷糖一样。你们这帮人能拿到多少不同种类的止痛药真是让我吃惊。我和一群白人坐在编剧办公室里,我说:'该死,我头疼。'周围的白人马上开始拿出各种药片,一堆散装的药片,就直接放在塑料密封袋里。'你想要羟考酮吗?我这儿有羟考酮。''不,她应该服用对乙酰氨基酚盐酸羟考酮复方药片。给她来一粒。'还有个女孩在旁边准备针头:'把你胳膊伸过来。'"

请注意,在旺达·赛克斯的段子后半部分,她展现出了一个她所处的场景,此场景发生在"一个编剧办公室里的一群白人中间",这在脱口秀中被称为"呈现",如果你能在宣泄情绪的过程中自己呈现出一个场景,那就太好了。稍后我们还将详细介绍呈现。

请按照下列步骤操作:

(1)练习带着态度说话。首先,大声说出这四个态度词:困难、奇怪、可怕、愚蠢。感受你身体中的不同态度。放大每个词带给你的情绪波动。

(2)在你的喜剧伙伴面前谈论你的一天,你说的每一句话都要注入特定的态度——困难、奇怪、可怕、愚蠢。让你的喜剧伙伴猜猜你现在正在表达哪一种态度。

(3)把你的主要话题、子话题和微话题大纲给你的喜剧伙伴。你的喜剧伙伴坐着,你站着,让你的喜剧伙伴随机选择一个你的话题,然后设置一个计时器,你要开始针对这个话题尽情发泄一分钟,说:

- 这个话题很困难,因为……
- 这个话题很奇怪,因为……
- 这个话题很可怕,因为……
- 这个话题很愚蠢,因为……

你也可以用问句开始表达:"你知道(插入你的话题)奇怪之处在哪儿吗?"

激动起来！跺步，大喊大叫，挥舞你的手，进入情绪，看看情绪会把你带到哪里。

例如：离婚（你的话题）很难（你的态度），因为在你刚恢复单身时很难开始约会。你的喜剧伙伴可以问你："具体什么情况呢？"这可能会帮助你搞清想法。

继续举个离婚后开始约会很难的例子："很难相信，在前任说你是招人厌恶的窝囊废之后，还会有另一个人爱你。"

再举出另一个原因……

然后切换到另一种态度。

离婚是可怕的，因为……

离婚（你的话题）是可怕的（你的态度），因为离婚后重新开始约会时，你看所有潜在的伴侣都会觉得你们就算有未来也还是迟早要完。刚刚第一次约会，你就想说："我能直接给你写一张我现在身家一半的离婚补偿支票吗？"

（4）把话题推到比你想象的极限还要远的地方。超出预期。这就是人们发笑的原因——意料之外。如果话题自然切换到了别的事情上，那就让它换吧。例如：

离婚后约会（你的话题）很难（你的态度），因为我完全破产了，我那点钱要么付我的车贷，要么给我的车加油，但不够同时干这两件事。

所以，这个话题转移到了破产生活上。让它自由继续。

卡壳了？如果你发现自己陷入了困境，那么就不断重复你使用的态度词："这很困难，真是太难了……"直到你有了新点子，找到了方向。保持态度不变，如果有必要，夸大你的态度。

（5）使用另一种态度重复以上过程。然后让你的喜剧伙伴喊出新的第三种态度，再用这种新的态度重复以上过程。

> 当你停止强行搞笑并开始专注于沟通为什么一个话题会惹恼你时,你就获得了创作自由。

在你大声咆哮宣泄情绪期间,写下或者让你的喜剧伙伴录下任何具有喜剧可能性的东西,整理到你练习册的"按话题分类的半成品段子"部分。

喜剧可能性是什么?它是非常真实和真诚的东西。我们评价好笑的东西时,经常会说"太真实了"。当你大声说出真实的东西时,你的喜剧伙伴会感同身受并笑出来。这意味着观众也会笑。

> 段子不能是情感中立的。你的话题必须让你感到厌恶,感到痛苦,或者感到兴奋,因为观众不是对你的文字做出回应,他们是对你的感受做出回应。

一个段子,如果你能够在情感层面百分之百地坚信它,它对观众也会有效果。这就是我们专注于态度的原因。

"朱迪,那能不能说脏话呢?"

开放麦往往充斥着脏话。而这还只是普通的演出。对于许多刚入行的演员来说,做脱口秀只是他们惹人厌、低俗和粗鲁无礼的借口。毫无疑问,有些话题就是需要强硬的话语,例如:"去他的种族主义!"

然而,如果一个脱口秀演员总使用敏感词汇来代替好段子,很明显他还是个外行。很多想成为脱口秀演员的人真的认为脱口秀只是上台去骂街,你可以在免费演出中看到这些演员。如果你只有骂街的时候观众才会笑,那么你在段子上下的功夫还不够。另外,有时我喜欢在最初写段子时疯狂大骂,然后在改段子的时候删掉这些内容。

> 如果你的段子干净，你会得到更多商演机会

有一次在企业的商务活动演出结束后，主办方请我推荐更多演员。于是我临时变成了一个寻找演员的经纪人，查看各位脱口秀演员的演出视频，并选出我要推荐的演员，将名单提交给主办方。我可真是大开眼界。会议主办方要找女性脱口秀演员，并为之提供丰厚的酬劳。在我看的这些演出视频中，大约三分之一的女士以成人段子开场，这让她们直接失去了演出机会。一条道德准则：尝试讲干净的内容。在开放麦上讲干净段子的你可能没法像讲荤段子一样让观众哄堂大笑，但你会有更好的机会赚到商务活动的大钱。

你在所有的话题上发泄完情绪之后，应该有 10～30 个段子的雏形。它们可能并不会是那种让观众笑得猛拍大腿，从椅子上摔下来的爆笑段子，但不要担心，这些段子还没有完全成型，所以不要过早放弃任何一个段子。保留你现有的内容，寻求它们的发展潜力。

> 当你的情感宣泄变成段子时，请把它们从"喜剧创作练习册＞练习＞练习 11：用态度处理话题"页面移动到"喜剧创作练习册＞按话题分类的半成品段子"页面，并为每个话题单独创建一个文件夹。如果你一直改进这些段子，它们会变为成型段子并被移动到"我的演出内容：成品段子块"部分。

接下来，通过加入呈现来使你的段子更好笑。

笑点：呈现

"朱迪，我在生活中似乎很好笑，但我不擅长写梗。"

你猜怎么着？单纯用梗结尾的段子几乎已经没了，除非你在养老院演出，就算这样，老头老太太们都有可能觉得你风格太老派。呈现是让人们大笑的方式，是脱口秀文本和即兴表演的完美结合。理查德·普赖尔（Richard Pryor）完全以演员进入场景的方式进入自己的段子，他是最早这样演的脱口秀演员之一。无论普赖尔提到谁或什么东西，他会用表演呈现出来。下面是一个关于白人葬礼和黑人葬礼区别的经典普赖尔式段子：

"（奇怪的是）黑人葬礼与白人葬礼很不一样，对吧。你知道，白人也有葬礼，但白人的葬礼很奇怪，因为白人在葬礼上不会展示激烈的情感，他们要保持安静。白人确实和黑人一样爱去世的亲人，但在葬礼上白人不会真正表现出来（表演白人的安静哭泣）。有时候他们会晕倒（表演白人叹气晕倒）。但是黑人不一样，我们在葬礼上尽情表现悲痛，我们不在乎安不安静，我们会（表演黑人在葬礼上尖叫）：'主啊！求你怜悯！耶稣，求你帮助我！主啊……'然后直接扑到棺材上哭，就像要跳到棺材上一样：'上帝啊，带我走吧，拿我的命换死人活过来！带我走，带我走！'"

美国 20 世纪 80 年代可卡因泛滥，整个社会都陷入了嗑药后疯狂亢奋的状态，罗宾·威廉姆斯在他的表演中用极短的铺垫和狂野的呈现展示了那个时代的怪相。你能找出下面这个段子中有多少处不同的呈现吗？

"奇怪的是，棒球运动员不得不面对大陪审团说：'是的，我抽了可卡因①。你能怪我吗？棒球这运动节奏也太慢了！（他们说）出场吧杰克！结果我在左外野站了七局没事干，身边就有一条长长的（看起来像可卡因的）

---

① 在中国，可卡因只可用于临床治疗，私人不可拥有可卡因。

白线一直通向本垒！我看到那个铺这条线的家伙，他也明白这条线像什么，在那里坏笑：嘿，嘿，嘿！还有赛场那个该死的管风琴配乐（模仿管风琴声音，演奏《冲锋！》，此乐曲英文名为Charge，俚语中含义为可卡因）！三垒教练一直在那儿这样做（表演擦鼻子、坐立不安，通常是教练指示队员战术的暗号，吸可卡因的人也有类似症状），他这么做的时候我都不知道他是让我滑垒，还是让我吸一条！别人抢在我前面一个前扑式滑垒先到了本垒，裁判对我说：你出局了！出局？宝贝儿，我灵魂出窍了！哈哈哈！'"

"可是，朱迪，我是一个冷面脱口秀演员，我不擅长表演。"

一些新人脱口秀演员在呈现时会感到紧张。不是每个人都觉得自己能够捕捉到段子中提到的不同角色的行为举止和说话特点。不过事实是这样的：观众并不知道你的安娜阿姨怎么说话，所以你给自己的声音加一点细微的变化就好。不会有"脱口秀真相警察"站起来说："停下那个段子。你阿姨说话不是那样的！"看到我刚刚做什么了吗？我呈现了一个并不存在的"脱口秀真相警察"。明白了吗？

呈现的效果主要取决于你的肢体语言和态度，而不是你忠实模仿真角色的能力。这是上一个练习中要求你站起来并表达出强烈情绪的原因之一。接下来你将逐步开发和磨炼你的呈现技巧。

成功呈现的内行提示

有口音的角色会让观众发笑。我的奶奶有很重的俄罗斯口音，而且她很明显是个犹太人。我有一个段子，我试图向她解释什么是精子库。我呈现了她问我的话："你咋能相信那玩意儿呢，啥都是冻的，那也不新鲜啊？哎呀，朱迪！你这孩子是不是有精神病啊？！"

各位男演员，不要用尖锐刺耳的假嗓子来呈现女性角色。这会让观众觉得你在贬低丑化女性。要呈现女性角色，只需要稍微提高你正常的声音。女演员也一样，呈现男性角色的时候稍微压低一点声音就可以了。

呈现总是包括台词。即使在呈现动物或没有生命的东西时也一样。例如：

"我的狗太黏人了，真可怕。我出去拿个快递的工夫，它就（呈现）：'你去哪儿了？！我想死你了！我爱你。我爱你。我想你！'与之相反，我的猫对我总是无动于衷。我跟猫说（呈现）：'来呀来呀，到床上来，过来！'我的猫（呈现假装抽烟）：'你就没别的事儿可干吗？！'"

顺便说一句，没有什么比用口音和态度来呈现动物更搞笑了。来自纽约城（口音较重）的狗就比来自爱达荷州（没有明显地方口音）的狗好笑得多。

呈现没有生命的东西是一种让观众笑的可靠方法。环顾你当前的环境。可能有一把椅子，那就开始呈现那把椅子的心理活动。罗宾·威廉姆斯可能会说："我想知道椅子是会不会觉得（呈现）：'该死，又一个大屁股过来了。'"

呈现任何事物，它不是段子也没关系。如果你致力于呈现，总会得到笑声。

以现在时态进行呈现更有效。与其使用"那个女孩曾经对我说……"不如直接说"那个女孩对我说……"然后呈现她正在对你说话的那个场景。

看看米歇尔·沃尔夫（Michelle Wolf）段子中的呈现：

"我们的环境很糟糕，这很奇怪，因为大多数人表现得好像他们很关心环保事业似的。我不相信任何人真的关心环境，因为如果有人真的关心环境，喷泉就不可能继续存在下去。对那些因缺水而干渴的人来说，喷泉就像写给他们看的一个巨大的标语：'去你的。'想象一下，如果带着一个来自（缺水且贫困的）第三世界国家的小孩子去看喷泉。他会说（呈现）：

'好多水啊！我能喝一小口吗？'你只能说：'哦，不行！这些水只是用来做装饰景观的。'孩子说：'那么至少让我把水里面扔的那些硬币捞上来，可以吗？''也不行，那些硬币是人们扔到那里用来许愿的，就是那些往水里扔钱也不在乎的人。你知道他们的许愿内容包括什么吗？反正不包括想要水。现在跟我走，带你去看水上乐园，那是我们往干净水里撒尿的地方。'"

> 关于用呈现让观众笑出来的专业提示：
> - 呈现时加大音量。
> - 讲铺垫的时候站在原地不动，呈现的时候在台上四处走动。
> - 确定你所呈现的角色有什么样的姿势和举止。
> - 夸大你所呈现的角色的情感。

不要一直思考该怎么呈现，直接跳进场景开始呈现！我们来练习一下。

呈现练习环节一

大声讲出下面这些用来举例的段子，找到你进行呈现的感觉。

> 我一辈子都在被我爸爸追着屁股不断质疑。我小时候在天主教堂给神父当举行弥撒仪式时的助手，我爸问我（呈现）："他们在教堂里为这屁事儿付钱给你吗？你赚到钱了吗？"然后我就去找神父要求加薪（呈现）："咱们都知道这里发生了什么，你在弥撒期间收集了很多捐款，没有人得到分成。"神父说（呈现）："我们的弥撒仪式不给工作人员发钱，我们只给葬礼的工作人员发钱。"我说（呈现）：

"那你把我安排到葬礼上,我要开始搞葬礼了!"

——塞巴斯蒂安·马尼斯科(Sebastian Maniscalco)

> 奇怪的是,通过一个男人打网球的方式,你可以了解到很多关于他们的事情。我和一个男的一起打网球,他说不出"三十——爱"。他一直在说(呈现):"三十——我真的很喜欢你,但我还是要同时跟别人约会。"①

——丽塔·鲁德纳

> 你曾经不小心撞上过平板玻璃窗吗?奇怪的是,这时候会同时发生两件事,疼痛和尴尬,但疼痛退居次要地位,是吧?因为不管你这时候有多疼,人们都在笑。你只能和他们一起笑(呈现):"哦,哈哈哈哈哈哈哈哈!砰!我就直接撞上了是吧?这不是很好笑吗?这窗户太干净太明亮了。有人应该贴上贴纸标签或者笑脸之类的东西。哈哈哈哈哈!是不是很好笑?哦,天哪,是血吗?哈哈哈哈哈!我在流血。我流血是不是很好笑?天哪!你能帮我找到我被撞掉的眼睛吗?"

——艾伦·德詹尼丝

观看能展现呈现技术的视频。看看你完成呈现的风格跟这些演员有什么不同之处!

---

① 网球中单局的比分,英文叫法将零分称为 love 即"爱",三十比零原文为 thirty-love 即"三十——爱"。

> 你现在还在坚持每天晨间写作和做练习吗？你的日历应该像泰勒·斯威夫特（Taylor Swift）的相册一样——上面画满了叉。记住：你的一天跟宋飞的一天一样，都是 24 小时！

找到表演呈现的感觉了吗？现在来学习如何为一个呈现写铺垫。

呈现练习环节二

现在你已经找到了进入呈现的感觉，下面是一些准备好的铺垫，你可以基于这些铺垫做出你自己的呈现。请记住，呈现总是包括台词的，而不仅仅是模仿音效。尝试用自己的想法将这些铺垫变成完整的段子：

"对女儿来说，母亲过分的要求太难做到了。我的母亲非常挑剔我的体重。就算我得到了诺贝尔和平奖，她也会说……"（呈现你母亲的反应，表现出她在告诉你她很高兴你得了诺贝尔奖的同时，还是要批评你的外表。）

"（美国的）政客们都撒谎。当他们说'我要创造新的就业机会和繁荣'时，他们真正想说的是……"（呈现政客的内心真实想法。）

"有些日子太难熬了。我度过了非常可怕的一天。就好像当上帝为我这一天制订计划时，他……"（呈现上帝如何安排你糟糕的一天。）

"昨晚我在一家简陋的餐馆吃饭后感到很恶心，就好像我的胃在说……"（呈现你的胃如何批评你对餐馆的选择。）

练习 12：在段子中加入呈现

喜剧创作练习册 > 练习 > 练习 12：在段子中加入呈现

喜剧伙伴合作练习

"呈现真的能帮助我在段子中宣泄情感吗？"

是的！在这个练习中，你将选择你宣泄情感时效果最好的那些话题进行加工，用呈现让它们更好笑。首先，查看你在练习 10 中绘制的思维导图，然后和你的喜剧伙伴一起工作。你俩轮换角色，一个人是脱口秀演员（站着），另一个人是编剧（坐着）。开始讲每个段子的时候先讲你的话题，并说出这一话题有什么困难 / 奇怪 / 可怕 / 愚蠢之处，这一次从前面的铺垫推进到一个呈现。铺垫中提到的每一个人都要在呈现中演出来。如果你难以进入角色，让你的喜剧伙伴大喊"呈现开始！"并成为你段子里的一个角色。不要多想，直接去做。

在练习册的"按话题分类的半成品段子"部分写下所有可能的段子。在你的呈现中，会有一些细节引得你或你的喜剧伙伴发笑，一定要记录下对这些细节的具体描述。

练习 13：整理半成品段子

喜剧创作练习册 > 按话题分类的半成品段子

目前你应该至少有十个带有呈现的段子。这是你整段演出内容的开始。

在此练习中，我们要把一些需要修改的段子从"晨间写作"和"练习"部分移动到"按话题分类的半成品段子"部分，并按话题将它们整理到各自所属的文件夹。

```
▼ 📁 练习
    ▼ 📁 练习1：测试你的好笑度
    ▼ 📁 练习2：成功愿景
    ▼ 📁 练习3：准备好你的喜剧创作练习册
▼ 📁 想法
    ▼ 📁 晨间写作
    ▼ 📁 录音整理
▼ 📁 按话题分类的半成品段子
    ▼ 📁 餐厅服务员工作
    ▼ 📁 童年往事
        ▼ 📁 虔诚的父母
    ▼ 📁 约会
    ▼ 📁 在破产家庭中长大
    ▼ 📁 情感关系吐槽
```

现在，你所有的新段子在你的喜剧创作练习册中都有一个特定的位置，你可以很容易地找到并改进它们。当你的段子打磨好时，你可以将它们移动到"我的演出内容：成品段子块"部分。

用无实物表演让你的呈现更生动

让我们通过无实物表演来增强你呈现的效果。当呈现某人吸烟时,不要使用道具或只是说那个角色在吸烟,你要假装拿着一支香烟,然后表演深吸一口、弹烟灰等动作。为了得到更多笑声,动作表演要有始有终。当你的段子结束时,以哑剧表演的方式把那个不存在的烟头扔到地板上用脚踩灭,然后再继续你下一个段子的铺垫。这些动作会在你的呈现中创造更大的可信度和真实性。在即兴戏剧中,这被称为无实物表演。

做无实物表演的专业提示

(1)留意你每天使用的东西。当拿着一杯鸡尾酒时,注意你的手和手指的曲线,手臂肌肉的张力,你如何端起酒杯、放下酒杯,以及你有多醉。保持对日常动作的敏感意识,这对呈现中的无实物表演非常重要。

(2)练习在没有任何实际物品的情况下做日常事务,如刷牙和梳头。你能在不看手的情况下保持手的姿势不变形吗?在镜子前尝试一下。反反复复进行此练习。这需要高度集中注意力,但重复练习一定会有收获,让你的呈现更引人入胜。

> **专业提示**
>
> 表演呈现时,面向观众或与观众成 45°角。这种舞台站位有助于区分你和你所呈现的角色。不要完全转向侧面,让观众只能看到你侧脸,那样看起来很业余。

(3)练习将人或物体保持在你和观众之间无形的第四面墙后面的固定位置。例如,以哑剧演员的方式先从冰箱里拿出一些东西,回到冰箱处把一些东西放进去，再回到冰箱处把另外的东西拿出来。你能否每次回到相同的位置，以相同的动作方式拉冰箱把手，就好像那里真的有台冰箱一样？那台冰箱在你的呈现过程中位置应该固定不动，如果它的位置变了，观众一定会注意到，所以不要让他们看出破绽。如果一个呈现包括与另一个虚拟角色的互动，那么你要么把那个角色安排在一个固定的位置，要么采用更好的方法：用你的眼神跟随这个虚拟角色的动作，让观众知道他或她正在移动。

（4）将呈现过程中出现的物品具体化，让你在呈现时就像能真正看到它们一样。描绘事物的细节是非常有效的。你与其只是假装在和你父亲说话，不如设想此时他拿着你的一个咖啡杯。这个杯子是玻璃还是陶瓷的？杯子上写了什么吗？它是否有缺口或其他缺陷？在你的呈现中使用这个细节精准的虚构杯子。

> 无实物表演是无中生有创造现实的有力工具。你可以通过参加即兴表演课程来了解更多信息。请查看当地的剧场、脱口秀俱乐部的即兴表演课程，或上网搜索你附近的即兴表演课程。

呈现不只关乎你的声音，也关乎你站立和移动的方式。在呈现你的母亲时，像她一样站立，像她一样移动。她走路的时候头会前倾吗？肩膀有什么动作？当她说话时，她的手有什么动作？她说话的腔调有什么特点？

> 这是检查你晨间写作的好时机，看看是否有一个你可以添加呈现的段子。如果有，把这个段子移动到"按话题分类的半成品段子"部分。

接下来，练习在你的呈现中加入无实物表演。

练习 14：在呈现中加入无实物表演

喜剧创作练习册 > 按话题分类的半成品段子

喜剧伙伴合作练习

使用"按话题分类的半成品段子"中的段子，排练你的无实物表演，直到使用肢体语言成为你的第二本能。你需要在呈现迷你场景的同时自然地讲话。与你的喜剧伙伴一起反复试验你的呈现方式，直到这些呈现令人感觉舒适和自然。

认真回顾你的每一个呈现，确定你可以在哪些呈现中加入无实物表演。如果某一个段子中你要呈现你的妈妈，试着把她放到一个非常具体的地点。不要泛泛而谈："当时我和我妈在一起时，她说……"你应该呈现：

"当时，我和我妈妈在一家餐馆里。她一边吃沙拉一边跟我说……"

当你回顾你的呈现时，增加位置移动和无实物表演以帮助增加笑点。

"救命！我好像连一个可以自然加入呈现的话题都没有。"

且放宽心！你的某些话题和铺垫可能不会往适合呈现的方向发展。没关系，这只是意味着你需要一个反转。你将在下一节中获取该工具。

呈现只是为段子加入笑点的方式之一——另一种方式是使用反转。

笑点：反转

反转，顾名思义，就是方向的改变。脱口秀的段子要有情境的变化，你开始讲段子时所暗示的情境不是你结束段子时实际指向的情境。反转是一次朝观众意料之外方向跳跃的惊喜转折，这种惊喜感会让观众笑出来。看看下面这个安东尼·杰塞尔尼克（Anthony Jeselnik）的段子，了解反转是如何让人发笑的：

"我家人刚刚发现我的小弟弟对花生过敏，这太可怕了。但我还是觉得我爸妈实在是反应过度了。他们发现我吃了一小包飞机上给的花生……（反转）就把我赶出了我弟弟的葬礼。"

反转的大师是一句话段子之王，斯蒂芬·赖特。

"我在我公寓的天花板上安装了天窗……住我楼上的人气坏了！"

一个专业脱口秀演员能给你的最大赞美是："你这个段子的发展我可没猜到。"最好的脱口秀演员会通过铺垫吸引观众，然后将段子带到观众意料之外的方向上，让他们因惊喜而发笑。

德鲁·林奇（Drew Lynch）在《美国达人秀》上讲了关于他口吃的段子。注意他如何引导观众前往关于"口吃的人生活很困难"的方向，然后改变情境：

"我在汽车穿梭餐厅感到很不适，因为在那里客人必须快速点单并通过对讲机跟店员说话。（反转）我不知道我为什么在那儿工作。"

德鲁通过铺垫部分的暗示，让观众想象一个他开车在汽车穿梭餐厅下单点食物的情境，并通过透露这个段子真正所处的情境，即他是汽车穿梭餐厅接受顾客点单的店员，来引观众发笑。

在下面这个段子中，艾米·舒默（Amy Schumer）的妈妈吹嘘自己仍然能够穿上婚纱。然后，舒默用一个反转让我们大吃一惊：

"我妈妈总是吹嘘最愚蠢的事情。前几天她说：'你知道吗，我现在仍然可以穿上婚纱。'谁在乎这个，对吧？（反转）奇怪的是，她现在的身材和她怀孕八个月时一样胖。"

> **专业提示**
>
> 反转必须是合乎逻辑的。即使你把段子导向了一个完全不同的方向，但你开始和结束时所表现的情境之间一定是有联系的，反转必须合理。

温迪·利布曼（Wendy Liebman）也是一位反转大师。看看她如何设置一个情境，然后改变它：

"（奇怪的是）今天我捡到了 20 美元。捡到钱这事儿好笑不？钱就放在那儿……（反转）在星巴克的小费罐里。"

看看利布曼如何连续两次反转：

"据说你会在最意想不到的时候坠入爱河……（反转）比如在你的婚礼上……（反转）和你的伴娘坠入爱河。"

"奇怪的是现在我 50 多岁了，我觉得我做什么都会发胖，比如看着一块蛋糕……（反转）把它吃光。"

如你所见，像利布曼这样的职业脱口秀演员，在台上做的事情远不只谈论自己。他们使用个人信息作为跳转的起点。这意味着，他们开始时可能在谈论自己的事，但他们会扩展并转到一个让观众感到惊讶的方向。

> 脱口秀是个人化的，但它不是谈话治疗或讲故事。
>
> 也许你看到过有人在舞台上冷场，他们没完没了地谈论自己的生活。那么，脱口秀的真实和自我陶醉之间有什么区别呢？答案在于深入细致地加工你的段子。你的个人生活为你的表演内容提供了灵感，但不要只是单纯谈论发生了什么，关键是用发生的素材做点什么。发挥想象力，写出精妙的反转。

给段子增加反转之前，先来学习一种经典的反转技巧，我通常称之为"三项列表"。

反转技巧：三项列表

写反转段子的一种传统方法是使用"三项列表"技巧。这个技巧是创建一个列表，用列表的前两项调动观众的思维惯性，创造一种模式，然后给出完全不同的第三项，打破这个模式。这会创造一个惊喜、一个跳跃、一个反转。

要使这种技巧起作用，你给出的前两个陈述必须是真实的、严肃的、无趣的。你要带领观众进入一种诚恳的思维模式，然后用意料之外的第三项给他们一个惊喜。被愚弄的情绪是观众会发笑的原因之一，所以你不能事先给他们提示。

试试这两个写三项列表的简单方法：大一大一小和小一小一大。

三项列表：大一大一小

在这种方法中，前两项要设置为那种大的、重要的、严肃的、沉重的东西，而第三项应当是一件小的、无关紧要的、微不足道的东西。

大声读出下面这个例子：

"现在的世界太可怕了。世界各地都有政治事件，我们正遭受史无前例的自然灾害，（反转）健怡可乐改了配方！太可怕了！"

注意态度词"可怕"引导了观众的期望，即接下来的各项都应该是可怕的，但前两项是大的、重要的、严肃的、沉重的可怕，第三项是小的、无关紧要的、微不足道的可怕。

三项列表：小—小—大

与上一种方法正相反：先来两项小的，然后来一项大的。

大声读出这个例子：

"分手很难，因为男人很难发现感情终结的线索。有三个微妙的线索可以看出你的感情已经结束了：

"你们吃晚餐时说话不多。（微妙 / 小）

"她不再对你说情话了。（微妙 / 小）

"她申请法院发限制令禁止你接近她。（过分明显 / 大）"

铺垫中的关键词是"微妙"。因此，前两项必须通过使用并不好笑的小线索来完成铺垫（让观众觉得每一项都该是微妙的）。第三项必须是大的、过分明显的，这样就完成了一个反转。

下面是艾米·舒默的三项列表段子，话题是从事电影相关工作很困难：

"他们（指制片人）说：'我们希望你出演这部电影……'我说：'哦，上帝啊，我吗？'他们说：'是的。我们只需要你做三件事。第一，做你自己；第二，玩得开心；第三，别再一直吃东西了。'我说：'等等……'"

同样，这里至关重要的是用于铺垫的前两项完全不好笑、不奇怪、不荒唐。把好笑、奇怪、荒唐的东西留给反转，这样你说出第三项时观众才会大笑。

> **在企业商务活动中使用三项列表**
>
> 三项列表技巧从未让我失望过。有一次一家化妆品公司雇我在会议上讲段子,三项列表的效果特别好。就在活动开始前,管理层宣布当年没有年终奖。因为员工们都心怀不满,管理层就要求我"讲点好笑的东西解决一下"。哎呀,我可太谢谢你了!使用三项列表是我从自己的脱口秀工具包中拿出的解决方案。就在我上台前的那个环节,观众们听了一个关于概念销售的研讨会,我参加了这个研讨会,看看其中有没有我可以用来增强段子效果的内容。我的三项列表是这样的:
>
> "我知道你们今天学了概念销售。这意味着:
> "1. 你卖的不是口红,你卖的是美的'概念'。
> "2. 重点不是睫毛膏,重点是魅力的'概念'。
> "3. 今年拿不到钱,拿到的是奖金的'概念'。"
> 我炸场了。

现在,我们来练习用三项列表写反转。

练习 15:用三项列表写反转

喜剧创作练习册 > 练习 > 练习 15:用三项列表写反转

下面已有作为铺垫的前两项,练习完成这个三项列表:

"感情关系太难了。有三个微妙的线索可以证明你们的关系已经结束了:

"当你说话时,他不认真听。

"你们不经常去外面餐厅吃饭了。

"还有……"

有什么超级明显的线索证明你已经分手了？

在你的喜剧创作练习册中的"练习 15：用三项列表写反转"中写出你的答案。

现在，进行修改，让这个答案更加明显。例如，如果你写的是"他出轨了"，那就改成"他的新女友现在留在家里吃早餐了"。然后再把这个答案改得更加明显——"他的新女友搬进家门了，她正在用我的牙刷刷牙。"

然后继续推进，让答案更加明显和极端——"他的新女友搬进家门了。她正在用我的牙刷刷牙，现在家里所有的毯子都被她给占了。"

我总是喜欢在段子结尾处，观众都在笑的时候重复一次前提："是的，要发现感情关系已经结束太难了。"这被称为"结尾标签"，我们将在后面的章节中讨论结尾标签。

在你的喜剧创作练习册中，创建多个关于"没前途的工作"话题的三项列表。

工作太难了。通过三个微妙线索可以发现你的工作没前途：

（小或微妙的线索）＿＿＿＿＿＿＿＿

（小或微妙的线索）＿＿＿＿＿＿＿＿

（大或明显的线索）＿＿＿＿＿＿＿＿

三项列表：明显—明显—奇怪

现在，我们用另一个类型的三项列表来练习：明显—明显—奇怪。

"破产这件事忽然就发生在你身上，太可怕了。有三个迹象表明你破产了……"

写两个不好笑的（明显的）表明你已破产的标志（因为铺垫总是不好笑）。把这些铺垫的想法写在你的喜剧创作练习册"练习 15：用三项列表写反转"中。你的想法和下面这些想法差不多吗？

第 2 章　脱口秀工作坊：13 个写段子练习

"破产这件事忽然就发生在你身上，太可怕了。有三个迹象表明你破产了：你没钱去高档餐厅吃饭，你愿意接受打零工，还有……"

以下是喜剧圣经脸书（现已更名为 Meta）小组成员关于第三项（反转笑点）的一些想法。你有什么更奇怪、更好笑的想法吗？加入小组参与讨论。

你请求睡在你朋友的沙发上，这样你就可以寻找沙发缝里的零钱了。

——亚当·莫耶（Adam Moyer）

当你收到钱时银行会给你打电话说账户有异常波动。

——詹姆斯·鲍尔（James Power）

你的新搭讪用语是："这剩饭你还吃吗？"

——朱达·罗森斯坦（Judah Rosenstein）

你吃晚餐看电影，靠的是开市客（Costco）超市的免费试吃样品和百思买（Best Buy）电器行的电视展品。

——艾薇·艾森伯格（Ivy Eisenberg）

你在钱包缝里找到一张邮票，这让你的净资产翻了一番。

——大卫·尼古拉斯（David Nikolas）

你不再称赞别人了。[1]

——金·沃兹沃思（Kim Wadsworth）

---

[1] 此段子中"称赞别人"原文为 paying compliments，用 pay 的另一含义"支付"做双关。

下一个三项列表练习，使用明显—明显—奇怪方式。

以下是你要使用的铺垫：

"意识到自己已经喝酒上瘾是很可怕的。你知道该戒酒了，当你……"

前两项要微妙。不要试图搞笑，只要写出两个让你怀疑自己是不是该戒酒的微妙迹象。

1. _____

2. _____

现在写第三项，让你的想法自由发散，想一个极端而明显的你需要戒酒的理由。然后再将这个理由提升几个层次，到达奇怪的程度。在你的喜剧创作练习册中写尽可能多的不同理由。

3. _____

你写出的是类似下面这种答案吗？

"当你周末晚上喝完酒，早上醒来的时候，发现已经是下周三的早上了。"

在反转后增加呈现

"朱迪，我该如何在呈现和反转之间做出选择？"

答案很简单，你可以全都要，两者在同一个段子中可以共存：先呈现，然后是一个反转，或者连续两个反转，然后是一个更夸张的呈现。

例如，在段子"你感情关系结束的微妙线索"中，当你写第三项——"他的新女友搬进家门了，她正在用我的牙刷刷牙，现在家里所有的毯子都被她给占了"——你可以在这里添加一个呈现。例如：

"但我也表明了自己的立场。当他们让我做早餐时，我说（呈现）：'想都别想！我有我的尊严！你们自己给自己倒一碗麦片吧！我去商店买牛奶。'"

就这样，在进行反转时，最后再加一个呈现。

是时候为你的话题写一些反转了。

练习 16：为你的话题写反转

喜剧创作练习册 > 练习 > 练习 16：为你的话题写反转

回顾：你已经练习过对你的话题尽情发泄情绪，你也已经在段子中添加了一些呈现，现在，选择几个话题，并尝试通过三项列表来增加反转。

在你的"练习 8：找到你的真实话题"部分选择一些话题，增加三项列表。例如，如果你的话题之一是"被粗心的父母抚养长大"，那就写一个这样的铺垫："被粗心的父母养大是很难的。有三个微妙的线索证明你的父母过于粗心了……"

写两个微妙的线索，然后写第三个疯狂或奇怪的线索，说明你的父母过于粗心。尝试在这个列表后面接一个呈现。

特雷弗·诺亚（Trevor Noah）下面这个段子的话题是"苏格兰人对当地古迹很自豪"。研究他如何在呈现中使用一个三项列表，来获得观众的笑声：

"一切都很古老，他们对此也很自豪。在爱丁堡，走到哪里，人们总爱说：'你猜那道桥有多少年历史？'我说：'不知道。'他们说：'三百年了！''那个教堂，五百年了！''这是我儿子，八百年了！'"

（1）浏览你所有的话题，看看哪些话题可以变成三项列表。

（2）把它们写在你的喜剧创作练习册"练习 16：为你的话题写反转"中。

喜剧创作练习册 > 按话题分类的半成品段子

把你刚才写的三项列表（至少要有三个）放到"按话题分类的半成品段子"部分，放到每个列表的话题所对应的部分。

```
▼ 📁 按话题分类的半成品段子
    ▼ 📁 餐厅服务员工作
    ▼ 📁 童年往事
        ▼ 📁 虔诚的父母
    ▼ 📁 约会
    ▼ 📁 在破产家庭长大
    ▼ 📁 情感关系吐槽
```

鞠躬致谢。你现在学会给段子加反转了。在我们继续下一步"混合"之前,注意下面这个警告。

> **警告!**
>
> 不要忽略那些你在为"练习 8：找到你的真实话题"和"练习 9：选择三个最佳话题"绘制思维导图时想到的话题,那样只会破坏你自己的创作过程。在当前这个学习阶段,你很可能会觉得自己还没想出足够好笑的东西。有些学生开始认为他们原本的话题有问题,而另一些学生则不断改变他们的话题,所以到工作坊结束时,他们什么成果都没有。那些坚持自己原创话题并尝试新技术、新呈现、新反转的学生,总能使他们的真实话题变得好笑。这些脱口秀演员在舞台上连续炸场,大杀四方。记住,你的话题本身不需要是好笑的,关键是你如何处理这个话题。你得坚持你自己原创、真实的话题,这至关重要。

从梗开始写反转

在上一个练习中,你从铺垫开始创建三项列表。正如你可能已经猜到的,还有其他方法可以创造反转。其中一种是从后往前写。这就意味着你要从段子结尾处的梗开始,找到一个有趣的方法来让结尾的梗变成一个反转。

作为"爱丁堡艺穗节(Edinburgh Fringe Festival)最好笑的段子"奖项的两届获奖者,脱口秀演员蒂姆·维恩(Tim Vine)是创作一句话反转段子的专家:

"我决定卖掉我的吸尘器,它在我家什么用处都没有,只能放在那儿吸灰。"

维恩每天能写出 15 个新段子,都是从后往前写,先写梗后写铺垫。他的方法是?

"我在日常生活的谈话中听到有趣的话,就开始思考:'有什么不同的方法能引出这句话吗?'如果有人说了一句'应有此报(Serves him right)',我就想:'嗯,好……我有个朋友失去了左臂,真是应有此报(Serves him right)。'"①

从后往前写的好处之一是在提供信息的同时获得笑声。业余脱口秀爱好者的标志之一是只会给出诸如"我离婚了"或"我是单身"之类的事实,而不是让自己的话以观众的笑声结束。你在台上说的每一句话,要么是段子铺垫的一部分,要么是呈现的一部分,要么是反转的一部分。这能保证你获得观众更多的笑声。

在继续下一步之前,试着为这个梗写一个铺垫:"我和我老公/老婆离婚了!"准备好了吗?

---

① 这个段子用 right 的"正确"和"右侧"两种含义做双关,最后一句话有"应有此报"或"他只剩右手"两种解释。

练习 17：从梗开始写反转

喜剧创作练习册 > 练习 > 练习 17：从梗开始写反转

如果预先确定了段子最后的梗是"我和我老公/老婆离婚了！"我们该如何创造一个反转？

方法之一："我刚刚丢掉了 150 磅赘肉……我和我老公离婚了！"

（1）查看你的"按话题分类的半成品段子"部分，或你的情感发泄记录。你向观众提供了哪些信息？比如：

"我很高兴来到这里！"

这是脱口秀演员经常会对观众说的话，但吉姆·杰弗里斯（Jim Jefferies）把它变成了一个梗。

"我孩子最近刚出生……所以我很高兴来到这里（不用在家照顾孩子了）！"

（2）写下发生在你身上的困难、奇怪、可怕或愚蠢的事情，然后写下五种铺垫方法。例如，温迪·利布曼在她的烘干机里发现了她的 Fitbit 智能运动手环。

"我把我的 Fitbit 手环弄丢了，但它仍然在累积步数，每天大约两万步。我想可能是哪个奥运选手戴着它。最后我找到了……在烘干机里。"

把你写的所有段子都放到你的喜剧创作练习册"按话题分类的半成品段子"部分里。

> 从现在开始，所有你在开放麦台上试讲有效果的段子，都要从"练习"或"想法"部分移动到"按话题分类的半成品段子"部分。

现在，我们来讨论下一个话题，一个获得笑声的梦幻秘方——混合。

笑点：混合——"这就好比……"

增强段子效果的可靠方法之一是进行混合，即找到两个原本无关的话题之间的相关性。下面这个段子里，澳大利亚脱口秀演员亚当·希尔斯（Adam Hills）发现了全球金融危机与他父亲之间的联系。真棒！

"我对全球金融危机一无所知。看着它发展就像看着我父亲被一个小丑羞辱一样。我知道它会对我产生很大影响，我只是不完全确定它会如何影响。"

混合出现于段子的铺垫之后。它通常这样开头：

"你能想象吗，如果……"

"如果……会怎么样？"

"这就好比……"

混合几乎总是伴随着呈现。脱口秀演员兼作家尼尔·布伦南（Neal Brennan）在讲房东的话题时同时使用了混合和呈现：

"关于房东最糟糕的部分是，你不得不称呼你的房东为'土地领主'。这个头衔也太夸张了，他不过就是个为了钱而把房间租给陌生人的家伙而已。（开始混合）这就像整个环境都回到了中世纪。所以现在我每次看到我房东的时候，我得跟他说（混合加呈现）：'领主大人……在下从公寓4J王国前来拜访阁下。'"①

布伦南用"可怕"的态度写了个段子，然后又加了个混合："就像整个环境都回到了中世纪……"然后他进入呈现，在呈现这里得到了观众的大笑。

---

① 原文"房东"为landlord，可分拆为"土地"land和"领主"lord两个单词。

> 让洛杉矶人参与抗议任何事情都太难了，除非你说服他们这有助于减肥。我不得不向人们解释："来吧，参加游行……这就像事出有因的健美操一样。加油！我们将为我们的公民自由而汗流浃背。"
>
> ——朱迪·卡特

大声讲出下面这些别人的段子，找找以"这就好比……"开头进行混合的感觉。

大声讲出其他人的段子可以让你体验做混合加呈现的感觉。

克里斯·洛克谈离婚：

"离婚这事的奇怪之处在于，在法庭上争夺孩子的监护权之后，双方还得分担诉讼费用。赚钱多的那个人必须为另一个人支付费用。所以，我必须花钱请律师帮我老婆来跟我离婚。这就好比花钱雇一个杀手，来杀了你自己。（混合加呈现）'好吧，这是我的照片。我晚上 10:38 会在汉堡王吃东西。朝我的头开枪，活儿办完之后给我打个电话。'"

宋飞通过使用混合来描绘自助餐有多可怕。

"自助餐基本上可以说是一个问题的答案，这个问题就是：'好吧，事情很糟糕，我们怎么能把事情搞得更糟？'我们怎么会设计一个人类自由获取食物的环境呢？这就好比开车带你的狗去宠物用品店，给它钱，然后说（混合加呈现）：'你为什么不进去买你想要的所有东西呢？'"

脱口秀演员法希姆·安瓦尔（Fahim Anwar）有个态度为"可怕"的话题是"蜜蜂"。注意下面他是如何把"蜜蜂"和"枪"混合的。

"没有人在乎苍蝇。你可以随便打它们。但我们不会轻易去打蜜蜂，因为它们有能力蜇你。所以，我们对蜜蜂有一定程度的尊重。蜜蜂基本上就像一只拿着枪的苍蝇。人们表现得像面对枪口一样：'哦，糟糕！有只蜜蜂，它想干什么就干什么……我们没有蜂蜜，真没有！给你一个空可乐罐，饶了我吧！'"

> 牢牢记住脱口秀新十诫的第一条！
> 这本书中的段子不是让你抄袭的，而是让你学习的。

在下一节中，你的想象力将自由扩展，产出你自己的混合。

练习 18：练习混合流程

喜剧创作练习册 > 练习 > 练习 18：练习混合流程

在练习 1 中，你要完成这样一句话：

"写字的笔和恋爱很像，因为……"

这就是一个混合。现在，我们来练习创作混合。

这个话题是"笔"，我们混合了一个看似无关的话题"恋爱"。我们要证明这种比较的合理性。

有些人可以只靠在头脑中思考就做到这一点，但会对其他人有帮助的方法是：先分别列表写出与笔相关和与恋爱相关的事情，再寻找两个列表相交的区域。一个混合最重要的基本元素是它必须合理。不合理的混合必然会让观众失去兴趣。

例如，

合理的混合：

"写字的笔和恋爱很像，因为你需要它的时候似乎永远都找不到它。"

不合理的混合：

"写字的笔和恋爱很像，因为它们都被塑料包着。"

观众会一直努力思考，试图弄清楚他们错过了什么信息，他们不会笑：

"嗯？那是什么意思？恋爱被塑料包着？什么？"

> 我的段子很有逻辑。无论这些段子多么疯狂，它们都必须绝对合理，否则它们就不会好笑。
>
> ——史蒂芬·赖特

一定要记住：你的段子必须是合乎逻辑的。

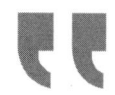

> 政客就像尿布。出于相同的原因，需要经常更换。
>
> ——罗宾·威廉姆斯

现在我们来做一个练习混合的流程。

喜剧创作练习册 > 练习 > 练习 18：练习混合流程

现在你来试试。在你的喜剧创作练习册中写下 10 个"笔"和"恋爱"的比较。

"写字的笔和恋爱很像，因为……"

1. _____
2. _____
3. _____
4. _____
5. _____
6. _____
7. _____
8. _____

9. _____
10. _____

哪个答案效果最好？如果还没有特别好的，不要担心！再写更多的就行。如果写 10 个答案还没出好段子，写 20 个。有时候最好的东西出现的时机就是当你想放弃，但又强迫自己继续前进的时候。

浏览你的"想法"部分。有什么想法适合做一个混合吗？试一试，看看有没有段子值得转移到"按话题分类的半成品段子"部分，甚至有没有段子打磨得足够好，值得放进"我的演出内容：成品段子块"部分。现在，我们使用混合技巧来创作关于你家庭的好笑段子。

家庭段子的混合

你在"练习 8：找到你的真实话题"中写出的 30 个真实话题中，很有可能包括你的某位家庭成员。我们在此基础上继续加工。

"但是如果我的家人知道我在公共场合拿他们来讲段子，他们会很生气的！"

实际上我所有的学生最初都会担心讲家人的段子时家人会怎么反应。这是对他们家庭的背叛吗？不是。如果你处理得好就不会。

因为每个人都要处理家庭问题，所以拿你最亲近的家人开玩笑是与观众建立情感连接的可靠方式。不要因为你对别人的反应感到紧张就跳过这部分内容。对于所有脱口秀演员来说，揭示关于他们自己、他们的生活和家庭的秘密都是至关重要的。脱口秀必须包括说出真相，这包括关于家庭成员的真相。但是要使用混合技巧，我们从真相开始，然后混合我们编造的东西。

> 我可以诚实地说，在讲了关于我妈妈去世的段子之后，我放下了最大的心理压力。脱口秀是我的心理治疗。这就是我处理问题的方式，我个人的心理斗争。我谈论问题。我把问题告诉我的粉丝。当他们因此而发笑时，我的心理负担也得到了释放。
>
> ——凯文·哈特

比如这样的例子：

"我父母是移民。正因为他们是移民，他们喜欢保守秘密。他们喜欢把事情封存在内心深处……然后在30年后这事情不再重要的时候说出来。所以，你坐在那儿吃着晚饭，突然之间……（呈现）'什么？妈妈是忍者？爸爸是巫师？你为什么现在告诉我这些？'（混合）就像我前半生与我父亲的每一次谈话，都是一部奈特·沙马兰（M. Night Shyamalan）的电影，只有90分钟的气氛渲染而没有揭示真相。"

脱口秀工作坊学生毕业秀那天晚上，当我的学生们在洛杉矶好莱坞的"即兴"脱口秀俱乐部登台演出时，作为他们段子中角色的家庭成员几乎全都对自己成了段子内容的一部分感到受宠若惊。事实上，那些没有被提到的家庭成员经常觉得自己被忘记了。

令学生们感到惊讶和宽慰的是，一些家庭成员甚至主动补充说："嘿，你忘了我做过的其他一些疯狂的事。"

在下一个练习中，你会学习如何使用混合技巧将你疯狂的家庭变成好段子。

练习 19：混合 ——从家人身上找笑点

喜剧创作练习册 > 练习 > 练习 19：混合——从家人身上找笑点

喜剧伙伴合作练习

下面有一种可靠的创作方法，可以写出关于家人的混合段子。确保你写的所有东西都是有真实生活基础的。

> **脱口秀演员真的可以说家人坏话吗？**
>
> 拿家人讲段子的基本原则是，首先要声明你爱他们的基本立场。例如："我爱我的妈妈……她是个好妈妈……但她有点疯狂……"只有这样，你才能开始说他们的烦人之处。有趣的是，观众似乎无法接受男演员严厉批评母亲的段子。与此相对，女演员可以对妈妈、爸爸或是任何人发表更为尖锐的评论，而不会让观众不适。我也不确定这是为什么，但是当我的男性学生不听这个建议时，我经常会看到他们的演出很快就搞砸了。一个学生在台上讲他妈妈的段子，观众席中一个女的大喊："你妈生你容易吗？混蛋！"选择权在你自己手里。

五步混合法

（1）我的……（插入家庭成员，例如，妈妈、爸爸、奶奶）。

（2）加入态度：困难、奇怪、可怕或愚蠢……例如，"和我妈相处很可怕……""我爷爷很奇怪……"

（3）因为……他/她经常非常（插入一种令人不适的性格，例如，自我中心、过度乐于助人、暴躁、爱说脏话、尖酸刻薄、忧心忡忡、糊涂）。

（4）做一个夸张的呈现，他/她在一个场景中，与某人交谈，描绘这种令人不适的性格。如果你的母亲非常暴躁，那就把她放在一个场景中，夸大她有多暴躁。

（5）说："你能想象我的（家庭成员）是一个（插入一种具有你描述的令人不适性格的人不太可能从事的职业）吗？将你这位具有令人不适性格的亲属与不太可能从事的职业的混合呈现出来。

按照这种方法，你会以你的家庭成员为话题，进行两次呈现和一次混合/反转。例如：

"和一个自我陶醉的母亲一起长大是很困难的。"

现在做一个你母亲自我陶醉的呈现。模仿她的举止，并像这样夸大她的自我陶醉：

"我不敢相信你哭了。你知道看到你哭，我有多伤心吗？"

现在给这个具有这种性格的人混合上一个不太可能从事的职业。例如，对一个自我陶醉的人来说，一个可能非常不适合的职业是自杀救助热线的接线员。呈现你的母亲当一个自杀救助热线接线员的场景。

> 你能想象我的母亲做自杀救助热线接线员吗？
> "你好，自杀救助热线？我只想死。我在悬崖边上。我想跳下去。我没有理由活下去了！"
> 我的母亲会在电话里说："我整天就听你们在那儿说'我！我！我！'这世界不是围着你转的！（暂停）你好？人呢？"
> ——安娜贝尔·鲍曼（Annabelle Baumann）

> **混合加呈现的专业提示**
>
> 当呈现你的家人从事另一个职业时，晚一点再揭示他们的负面性格。当呈现你自我陶醉的母亲当自杀救助热线接线员时，不要在呈现开头先表现她的自我陶醉——用呈现来建立这个形象。
>
> "你好，自杀救助热线，我们为你提供帮助。"
>
> （呈现电话另一端的人：）"我在楼顶上！我要跳楼！我的男朋友把我甩了。我讨厌我的生活……"
>
> "行吧，我也讨厌我的生活！你知道每天听像你这样抑郁的人讲话有多难吗？你知道我的生活有多艰难吗？我的发型师今天放了我鸽子。（暂停）你好？喂？"

练习册中的"练习 19：混合——从家人身上找笑点"部分，与你的喜剧伙伴合作，为那些有负面性格的家庭成员想一些可能带来灾难性后果的职业。例如：

如果你父亲的负面性格是他特别八卦，你可以说："你能想象我父亲当一个联邦调查局特工或魔术师，但又完全不能保守秘密吗？"

有一个控制欲极强的退伍军人叔叔，他下命令的时候还是像在军队里一样喊出来？那就呈现他到儿童生日派对上当小丑的场景。

你姐姐暴躁易怒尖酸刻薄？呈现一个她去当瑜伽冥想大师的场景。

选一个令人讨厌的家庭成员，执行上述五步混合方法，把你想到的段子也放到练习册中。

> 更多关于呈现的专业提示：
>
> • 呈现场景时，请保持简短。不要一边说大量的台词一边来回走动——你要讲一个段子，而不是演一场戏。
>
> • 永远用笑点结束呈现。
>
> • 如果你呈现的场景中其他角色说了好笑的台词，请确保接下来你有更好笑的。你可能是真实生活中的失败者，但在台上，你应当是赢家。
>
> 试试吧！让观众笑出来往往比心理治疗效果更好！

请记住，把你最好的段子放到"按话题分类的半成品段子"部分相应话题下面，以便查找和改进它们。

> 这是将段子从"练习"部分转移到"按话题分类的半成品段子"部分的好时机。寻找那些会让你不爽的话题、想法和事情。你可能会找到一个混合，用它把一个蹩脚想法变成一个爆笑段子。

练习 20：用混合扩展段子

喜剧创作练习册 > 练习 > 练习 20：用混合扩展段子

喜剧伙伴合作练习

目前你应该有很多粗糙的脱口秀段子，包括写好了呈现和反转的话题。我们从头到尾看一遍你的段子，看看哪里可以添加混合。

与你的喜剧伙伴合作，大声朗读你的段子，并在每个段子结束时发问：
- "如果……会怎么样？"
- "这就好比……"
- "你能想象吗，如果……"

看看有没有你可以混合进来的东西。然后做一个混合加呈现，就像你在练习 18：练习混合流程中所做的那样。

脱口秀演员罗素·彼得斯通过在"包办婚姻"话题上使用混合获得了观众的大笑。

"包办婚姻太可怕了。这在我们印度裔人群中是一个大问题。我的父母去年在我身上试过了。我妈妈说：'罗素，你现在年纪大了，你还不结婚。我带一些漂亮的女孩回家给你看看怎么样？'我妈妈想给我挑个妻子。我都不让她给我挑衣服。我只能想象她跟我说：'我知道她现在有点大，但你会长个儿的。'"

与你的喜剧伙伴一起工作至少 30 分钟，为你的段子添加混合。这可能很难，但请记住，不是每个段子都必须有混合。如果你在 30 个段子中添加了 5 个混合，那就已经很不错了。把它们写到你的喜剧创作练习册中，并将其中你比较喜欢的那些段子移动到你的"按话题分类的半成品段子"部分。

哇！你做了很多工作。我们来花点时间回顾一下你至今已完成的工作。

段子创作回顾

- 你发现了很多真实的话题。
- 你将它们缩减到只留最好的 3 个话题。
- 你使用思维导图，找到了子话题和微话题。
- 你尽情宣泄了你关于话题的情绪。
- 你学会了如何用呈现来为一个段子增添笑点。

- 你练习了在呈现时使用肢体语言。
- 你学习了如何通过添加三项列表或混合来为段子添加反转。
- 你从梗开始，从后往前写，创造了一个反转。
- 你在讲一个关于家庭成员的段子时添加了混合。
- 你在现有的段子里添加了更多混合。

你的"按话题分类的半成品段子"部分应该填满段子。现在，让我们将这些段子组织成一整段令人爆笑的脱口秀表演内容，并开始将段子转移到你的"我的演出内容：成品段子块"部分。这里要用到一种非常有用的工具，下一章会介绍。

> 签到：你今天写段子至少写了 10 分钟吗？你年历上的创作记录链条没有断过吧？你是否整天都在记录好笑的想法和经历？

第 3 章
脱口秀结构：16 个提示让你写得更专业

使用脱口秀结构打磨段子

在本节中，我将展示一件你可能已经在做的事情——将你的段子按照脱口秀结构进行调整。了解脱口秀段子的基本结构有助于每 10 秒钟就让观众大笑一次。你会从头到尾检查"按话题分类的半成品段子"部分，并重写段子以符合此结构，然后将较好的段子移动到"我的演出内容：成品段子块"部分。

喜剧创作练习册 > 我的演出内容：成品段子块

"朱迪，我要跳过这一部分，因为我不需要学习脱口秀段子的结构。如果我使用公式创作，我的段子会显得很俗套。"

我明白了。你是个叛逆者。你才不会遵守规则。你猜怎么着？大多数成功的脱口秀演员都遵循这种结构。其实在学习这一章时，你会发现很多你已经写出的段子都符合这种结构。音乐家学习音阶，画家学习构图，脱口秀演员需要学习脱口秀结构。它将为你节省至少 5 年的上台试错时间。

现在开始完善你的段子。在你的喜剧创作练习册的"我的演出内容：成品段子块"部分创建一个名为"脱口秀结构"的文档。将下面的结构复制到该文档中，并使用它来评估和打磨你的段子。

铺垫：
"（填入你的话题）很……"
+
态度："困难、奇怪、可怕、愚蠢"
+
前提："因为……"

（这个话题困难、奇怪、可怕或愚蠢的原因，要有洞察力）

+

笑点：

呈现、反转和/或混合

+

结尾标签

（重复态度/评论）

罗宾·威廉姆斯以不假思索地随意修改完善段子而闻名。但如果你认真研究他的段子，会发现它们在大多数情况下都是完美符合脱口秀结构的。

例如：

"英国警方处理犯罪的方式很奇怪，因为……在英国，如果你犯罪，来抓你的警察没有枪，你也没有枪。如果你犯罪，警察会说：'站住！要不然我就再喊一次站住。'这很奇怪……"

主题为"英国警察处理犯罪的方式"。

态度为"奇怪"。

前提为"因为……在英国，如果你犯罪，来抓你的警察没有枪，你也没有枪……"。

笑点/呈现为"站住！要不然我就再喊一次站住。"

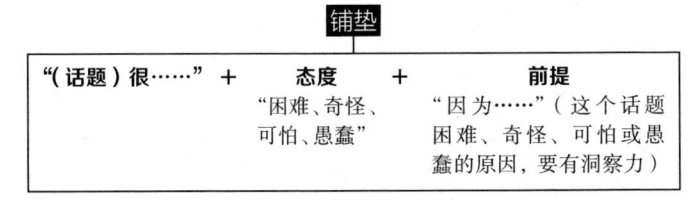

铺垫		
"(话题)很……" +	态度 +	前提
	"困难、奇怪、可怕、愚蠢"	"因为……"（这个话题困难、奇怪、可怕或愚蠢的原因，要有洞察力）

+

```
            ┌─────────────┐
            │    笑点     │
            └─────────────┘
    ┌──────────────────────┬──────────────────┐
    │ 呈现、反转和 / 或混合 │ +   结尾标签     │
    │                      │    （重复态度/评论）│
    └──────────────────────┴──────────────────┘
```

你正在看着的是写出专业级别脱口秀段子的秘密武器。为什么我等到这本书的中间部分才揭晓它？因为我希望你能自然地体验如何基于自己的真实情绪写段子。很可能你的很多段子已经符合这个结构。你会发现不使用这种结构的段子让观众笑出来的速度相对慢一点，这是因为不使用此结构的段子通常采用了叙事形式。以这个结构写段子，即使要面对那些一边喝酒一边听段子的脱口秀俱乐部观众，你也会取得不错的效果。

让我们来看看这个脱口秀结构的每一部分细节。每个段子都包含以下部分：

铺垫：

话题。在练习 8 中找出潜在话题之一。你应该已经有了至少 30 个话题。

态度。选择一个：困难、奇怪、可怕或愚蠢。你用这些态度发泄自己的情绪，你应该通过练习提升描绘每一种态度的能力。

前提。你的一个洞察，通常也被称为你对这个话题的主张、见解或观点。它紧跟在 "因为……" 这个词后面。前提会告诉观众为什么你觉得这个话题很困难，或奇怪，或可怕，或愚蠢。（我们稍后将更详细地讨论这些。）

笑点：

呈现。开始表演角色的举止、言语、口音、节奏等。其中一些是在练习 20 中的家庭段子里写出来的。

反转。如练习 17 中的三项列表。

混合。"要是……的话""想象一下，如果……"用你在练习 20 中记录的想法。

结尾标签。段子的结尾处，在观众们还在笑的时候，简单重复一次你的态度。例如，"真是太可怕了！"或者"奇怪……太奇怪了。"

结尾标签也可以是对段子自身、观众的反应或观众没反应的评论。（我们将在本章后面更详细地介绍这个。）

你们中有些人肯定在想：

"朱迪，我想要像克里斯·洛克一样，只是尽情宣泄情绪，在舞台上狂野不羁，自由说出我脑袋里的想法！脱口秀结构太俗套了！"

好吧，别再犯糊涂了，清醒起来，听我说！你猜怎么着——克里斯·洛克的段子完美地符合脱口秀结构。

"奇怪的是，每当有警察开枪射杀一个无辜的黑人时，他们总是说同样的话。他们总是用同样的话解释。比如：'嗯，不是大多数警察都这样。这只是个别坏苹果。'坏苹果？对于一个杀人犯来说，这名字可太可爱了……听起来几乎像是爱称。我的意思是，我也吃过坏苹果。坏苹果很酸，但它可没有让我窒息。①

"当警察很难。我知道当警察很难，因为那工作很危险。我知道危险，好吧？但有些职业就是不能有坏苹果。因为……有些工作，每个人都必须是称职的好人。比如……（混合）飞行员。你明白吧？美国航空公司不能说（呈现）：'我们的大多数飞行员都喜欢正常降落。我们只是有几个坏苹果，他们喜欢撞到山上。请各位乘客忍着。'"

洛克从"当警察很难"的态度开始。从"因为"开始的部分起进入了前提："因为那工作很危险……但有些职业就是不能有坏苹果。"然后他进入混合/呈现："我们的大多数飞行员都喜欢正常降落。我们只是有几个坏

---

① 坏苹果原文为bad apples，含义类似害群之马，因后文有与水果的比较，此处直译。最后一句话中的"窒息"指美国多次发生警察采用锁颈窒息手段暴力执法，导致黑人死亡的事件。

苹果，他们喜欢撞到山上。请各位乘客忍着。"

我们再剖析一些段子，看看它们是如何遵循这种脱口秀结构的。尝试确定每个话题、态度、前提、笑点和结尾标签。你觉得这些段子中哪些部分让观众接受了演员的前提？对这些部分要格外关注。90%的情况下，段子的失败都是因为缺失了前提或前提有缺陷。

> 新闻上的人谈论经济时很奇怪，因为他们表现得就好像每个人都很富有一样。他们说："全球经济崩溃……你的钱安全吗？""呃……你是说我支票账户里剩的那43美元？应该安全吧。"太奇怪了。
>
> ——尼尔·布伦南

在布伦南的段子中，他介绍了他的话题（新闻上的人谈论经济）和他对此话题的态度（奇怪）。然后他给出了自己的前提，并告诉我们为什么在新闻上的人谈论经济很奇怪。请注意，前提是他的洞察或观察。前提从来都不应该是一个故事。

正确的方式：

这很奇怪，"因为他们表现得就好像每个人都很富有一样"。

错误的方式：

"新闻上的人谈论经济时很奇怪，因为我在看新闻，有个家伙出场了，他开始谈论说每个人都有财产什么的。我就想……"

接下来，布伦南表演了一个有趣的反驳：

"他们说（呈现新闻播音员的声音）：'全球经济崩溃……你的钱安全吗？'（呈现他自己）'呃……你是说我支票账户里剩的那43美元？应该安全吧。'"

当每个人都在笑的时候，他用重复态度词的方式作为结尾标签："太奇怪了。"

如果你仍然不确定这个结构是否有用,那就研究一下你最喜欢的脱口秀演员吧。

下次你去看脱口秀演出时,注意那些待在剧场后方的脱口秀演员们,甚至可以坐在他们旁边。他们通常不会大笑,但他们会研究正在台上的同行。有时他们会用单调的语气说:"这个好笑。我喜欢她对这个段子的处理。"他们也可能会评论某个段子如果换成他们来讲会如何扩展,比如:"这个前提还有更多可挖掘的。"

> "这种脱口秀结构只适合美国脱口秀演员吗?"

当《喜剧的艺术》(*The Comedy Bible*)被翻译成俄语时,我担心过这种脱口秀结构是否适用于不同的文化。当我在莫斯科的一个脱口秀工作坊里教学时,我发现这种脱口秀结构仍然有用。学员毕业展示秀那天晚上,我确认了这种公式是通用的,当时我的学生每 10 秒钟就会让观众大笑出来。从那时起,我先后在瑞典、英国、中国、加拿大、德国和澳大利亚举办了工作坊,我希望能办更多国际性的脱口秀工作坊。

"嘿,朱迪,我最喜欢的脱口秀演员没有提到任何态度词。为什么呢?"

虽然所有的段子都有特定的态度,但态度并不总需要大声说出来。在最初创作段子时,最好使用态度词,但有些脱口秀演员只用自己的能量和/或肢体语言就能把段子的态度传达出来。

黄阿丽(Ali Wong)不必直接说出她认为谢丽尔·桑德伯格的书是愚蠢的,因为她以她讲段子的方式明确传达了这种态度:

"我不想再工作了。我一直在读谢丽尔·桑德伯格的书,她是脸书的首席运营官,她写了那本书,让女性都对我们的职业生涯感到愤怒。她谈论我们作为女性应该如何挑战自己，从而坐到高级管理人员的会议桌旁，上升到职业巅峰。她的书名叫《向前一步》（*Lean In*）。好吧，我不想向前一步，行吗？我就想躺平。我只想躺平。"①

打破规则之前，先了解规则

当你成为一名专业脱口秀演员后，你可以把态度词嵌入段子而不必真正说出它们。而在那之前，现在大声说出态度词一定会帮助你写出好段子。态度词要么紧跟主题，要么在主题前出现，例如：

"约会很难……"

或者：

"现在最难的事就是约会……"

很多不同形式的单人表演喜剧形式并不完全符合你在这里学到的结构，包括荒诞喜剧、另类喜剧、反喜剧、尴尬喜剧、道具喜剧、叙事喜剧，等等。

但是，重点在于：在改变规则之前，你需要完全掌握它们。这就是做本书中的练习非常非常重要的原因。

请记住，我们目前还在锻炼你的脱口秀能力，等到你可以不受限制地使用能力的那个时刻，你自己会明白的。

现在，我们通过研究专业脱口秀演员来增强你的脱口秀能力。

练习 21：研究专业演员

喜剧创作练习册 > 练习 > 练习 21：研究专业演员

研究这个段子：

---

① 谢丽尔·桑德伯格已于2022年6月1日宣布，她将于2022年秋季卸任脸书（后改名Meta）首席运营官。

第 3 章　脱口秀结构：16 个提示让你写得更专业

> （电视上的烹饪节目是愚蠢的……）我永远不会理解他们为什么在电视节目上做饭，因为我闻不到它，吃不到它，尝不到它。演出结束时，他们把做好的食物举到镜头前："嗯，做好了。但是你一点也得不到。谢谢收看。再见。"
>
> ——杰瑞·宋飞

（1）话题和态度分别是什么？

（2）前提是什么？

（3）笑点是什么？

观看你在网上找到的任意一位演员的 3 分钟演出，并回答以下问题：

（1）这位脱口秀演员在 3 分钟内获得了多少次笑声？

（2）平均每分钟有多少次笑声？

（3）两次笑声之间的平均间隔有多少秒？

用文字记录下其中的一个段子，并回答以下问题：

（4）这个段子的铺垫是什么？

（5）铺垫中传达了什么态度/情感？困难、奇怪、可怕、愚蠢？（是直接说出来的还是暗示的？）

（6）这个段子的话题是什么？

（7）这个段子的前提是什么？

（8）关于笑点/笑声：有呈现吗？是否为观众揭示了惊喜或反转？

（9）这位脱口秀演员是否用同一话题讲了其他段子，以该话题构建了一整个段子块的内容？

大多数刚入行的脱口秀演员认为，一个段子中最重要的部分是笑点。不对。最重要的是铺垫部分，如果你在段子开头的铺垫部分不能把观众吸引进来，段子结尾处观众就不会感同身受地笑出来。

铺垫：笑果最大化

恭喜。你现在知道了一个好段子的所有组成部分，你理解了脱口秀结构的基础。

到目前为止，我们一直专注于编写段子的好笑部分，并做了相应练习。但在本节中，你会学到更多方法，用来创作包括以下几个组成部分的优秀铺垫：

话题 + 态度 + 前提。

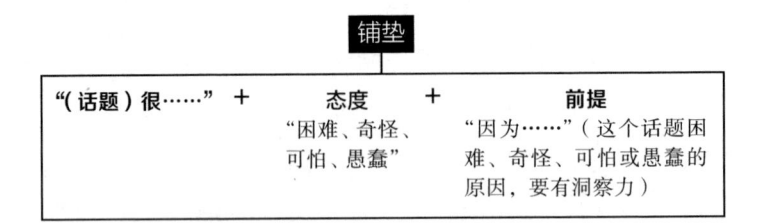

```
                        铺垫
┌─────────────────────────────────────────────────┐
│  "（话题）很……"  +    态度      +      前提       │
│                    "困难、奇怪、      "因为……"（这个话题困 │
│                    可怕、愚蠢"        难、奇怪、可怕或愚蠢的 │
│                                      原因，要有洞察力）    │
└─────────────────────────────────────────────────┘
```

大多数脱口秀演员都认同当你写出了好的铺垫时，要创作段子的好笑部分很容易。但是为段子写铺垫可能很难。如果观众没能与你的铺垫产生情感连接，他们将完全错过好笑的部分。为了让人们发笑，你必须把他们吸引到你的视角中，并让他们投入思考你的前提。不好的铺垫会让观众情绪低落，因为他们无法与你感同身受。在连续几次糟糕的铺垫之后，你会失去观众的注意力，并且可能直到演出结束也无法重新让他们关注你。

一个好铺垫的要素：

- 在进入铺垫前，会提供背景信息；
- 它搭建了一座通往观众的桥梁；
- 它通常不包括第一人称代词："我"或"我的"；
- 它把观众吸引到你要讨论的话题中；
- 它带着观众走上一条出人意料地改变方向的道路；

第3章 脱口秀结构：16个提示让你写得更专业

- 它包括对一个话题的态度，以及你关于此话题的前提（见解）；
- 它描述了你对这个话题的感受；
- 它通常并不好笑，这给了你接下来发挥的空间。

如果你没有让观众笑出来，那很可能并不是因为你的段子不好笑，而是因为你没有正确地为段子做铺垫。

以下是一些极其糟糕的铺垫示例。

糟糕的铺垫1号："告诉各位一些关于我自己的事……"

这是世界上最糟糕的铺垫。80%的脱口秀新手会用这个，特别是在洛杉矶（又名自恋之城）。

除了已经被严重滥用和缺乏原创性，这个铺垫还做出了一个错误的假设：只要你站在台上，手里拿着麦克风，观众就一定会对你感兴趣。永远不要忘记，这个假设大错特错。你的工作是让观众对你感兴趣。不要浪费时间谈论你的背景，那玩意儿只有你妈在乎。要从你对话题的看法开始。

糟糕的铺垫2号："下面这件事是完全真实的。"

另一个被大量脱口秀演员滥用的有问题的铺垫："这件事真的发生在我身上。"比如"我今天早上真的刷牙了"。是真事？那又怎样？一件事情不会仅仅因为是真实的就具有天然的趣味性。而且既然你这么说了，观众是不是应该认为你讲的其他内容都是编造的？这种铺垫会破坏你的可信度，而又没有真正的好处。别用这种铺垫。

糟糕的铺垫3号："我当时在……"

如果你用类似这种话开头："昨天，我在商店里，有个人走过来找我……"这不是一个铺垫，这是一个故事的开头。如果你的段子是给观众讲发生在你身上的故事，而不是对一个话题的见解，你最终大概率只能得到平淡无奇不好笑的段子。此外，好的脱口秀段子几乎总是用现在时——"我是……"，而不是"我当时是……"——因为脱口秀的重点在于表达你当前所持的观点。

"但是，朱迪，很多脱口秀演员都把小故事作为段子的引子。这是为什么呢？"

很多时候，在进入段子之前，需要为观众提供信息并讲一个小故事。例如，在下面的段子中，迈克·比尔比利亚（Mike Birbiglia）先提供了有关他处于人生中破产阶段的信息。但是当他进入好笑的部分时，他就开始使用经典的脱口秀结构，用态度（奇怪）来为后面的笑点做铺垫。

（故事部分）"是的，我对人生中的那段时期记忆深刻。我完全破产了。其实我住在皇后区的充气床垫上，我买不起放衣服的柜子。"

（段子的开始）"当破产时你会感觉很奇怪，因为一切都低到了地面上。早上，你从充气床垫上滚下来，从地板上抓起裤子，在小电炉上煮面条。一根面条从你嘴里掉出来，你会觉得'面条直接垂到地面了'。你唯一能比现在更差的情况就是倒地死掉。"

注意，比尔比利亚的故事是过去时态的，而当他进入好笑的部分时，他会切换到现在时态。你随时都可以讲故事，但要记住，想获得观众笑声就需要有铺垫和笑点的结构。

糟糕的铺垫 4 号：不合理、不相关的陈述。

我真的听过一个脱口秀演员讲的开场白是："我当时正在给死人做煎饼……"毫不奇怪，我再也没有在任何脱口秀圈子里见到过这个人。为什么？因为没有人能对他感同身受，甚至别人根本听不懂他在说什么。如果你无法让观众理解你在说什么，你必然会失去观众。困惑的人绝不会笑。

好铺垫的基本元素

"朱迪，我怎么判断自己的铺垫好不好呢？"

1. 好的铺垫会吸引观众进入话题

下次你看电视时，注意节目预告的力量。看主持人如何让观众们在广告时间后回来继续看节目:"广告后请继续看节目,因为我们的下一位嘉宾减掉了非常多的体重,你都认不出他来了……"

我们会想要知道:"下一位嘉宾是谁?我会认出他吗?他是怎么成功减肥的?"我们希望我们的问题得到解答,看到谜底揭晓。正如社交媒体所证明的,人类的思维对"知道"(获取信息)极为痴迷。考虑到这一点,你的每一个段子都必须有一个"钩子"来吸引观众的注意力,并保持他们对段子感兴趣,直到你抛出笑点。如何做到这一点?为一个段子做铺垫时,要表达出你对这个段子涉及话题所持的强烈的情感,这样观众就会想要知道为什么你对这个话题会有这样的感受。

2. 好的铺垫会导向好笑的方向,但本身并不好笑

脱口秀新手很难理解,一个段子开始时并不需要好笑。铺垫应当是真诚的、有真实感的、能让人共情的。它必须是清楚的,必须是有意义的。它同时还要有情感。情感确立了你对这个话题的态度。你要以严肃的态度开始,把观众吸引进去,然后用反转让他们惊喜。想想看,如果你从好笑的部分开始讲段子,你的段子就没有推进的余地了。

3. 一个好的铺垫是一个普遍的真理,不要使用"我"或"我的"这种词

没错,有时候你确实需要在进入段子之前先用几句话给出背景故事。

使用背景故事的示例:

"这是我第一次来堪萨斯州。我来自洛杉矶。堪萨斯州这地方气氛太友好了。我在电梯里,就有人对我说:'早上好!'"

但是当你的背景部分结束,你要马上进入铺垫:

"中西部的人在电梯里会跟完全陌生的人说话,这很可怕,因为在我生活的洛杉矶,别人只有在嗑了药的时候,才会在电梯里跟你说话。"

（呈现）"啊！你要什么？手表给你，求求你了别打我。"

结尾标签："太可怕了……"

4. 好的铺垫是言之有理的

如果你的铺垫没有意义，演出效果就要一落千丈了。为什么？观众会忙于试图弄清楚你说了什么。他们可能会转向旁边的人，问："她说的是什么意思？"他们会与台上发生的事情（你的段子接下来的部分）断开连接。

> 有趣的事实：困惑会使人类思维与大脑中负责笑的部分断开连接。

5. 好的铺垫以态度为动力

没有态度的铺垫通常会很无聊。它抓不住观众。你不需要夸张的情绪，但你必须证明你对这个话题投入了思考。再说一遍，最容易让观众笑的态度词是困难、奇怪、可怕、愚蠢。你的每个段子都应包含其中一种态度，直到你在脱口秀行业里站稳了脚跟，并有意愿尝试那些不那么可靠的情绪时，再用其他态度去写新东西。

6. 好的铺垫会介绍段子的话题和目标

每个话题都有一个你取笑的目标。

"和一个抽烟的人约会很可怕，因为……"告诉观众你会取笑抽烟的人。

"如果你的配偶不想节食，节食就会很困难，因为……"让他们知道段子取笑的目标是你不想节食的配偶。

7. 好的铺垫是简短的

在脱口秀俱乐部里，你不能讲一大段内容却没有一个笑点。写出你的铺垫，然后像写一条短信一样，去掉所有不必要的词。正如作家马尔科姆·格拉德威尔（Malcolm Gladwell）的建议："考虑强烈的动词、简短的句子。"

8. 一个铺垫只有一个话题

当观众听到有多个话题的铺垫时，他们会感到困惑。例如："当你在迈阿密出差，抽着一根雪茄，有个女人走到你面前时，真的很难……"

你只能选一个话题。你的段子是关于去迈阿密出差、抽雪茄还是女人搭讪的？在段子里增加一个没有笑点的话题是外行的标志。

9. 好的铺垫会包含你段子的目标应当被取笑的理由

观众内心会有一种追求公平正义的"费厄泼赖"（fairplay）精神，当你为段子做铺垫时，你必须问自己："目标被取笑是应得的吗？"

> **公平地讲段子**
>
> 大多数喜剧的基础都是以别人为代价来获得观众的笑声。我发现这大体上只是某种形式的霸凌。所以我想成为一个示例，证明你可以兼具好笑和善良，让人们在不伤害他人感情的前提下笑出来。
>
> ——艾伦·德詹尼丝

喜剧的基本规则是不要抨击那些大家普遍认为被压迫的群体。他们可能是暴力的受害者、你自己的种族以外的种族、女性、性少数群体，等等。如果观众觉得你不公平地针对他们在乎的人或事，铺垫的结果可能会变得糟糕。当我在外地演出时，我从不嘲笑我正在访问的城市。恰恰相反，我会嘲笑我来的那个地方（洛杉矶），观众喜欢这个。和你的喜剧伙伴一起练习各种目标替代方案，以确定哪些方案好笑，同时又不触及敏感话题或让观众不适。

去掉或改写那些以被压迫者作为目标的段子。这些铺垫会让你的段子看起来不公平,更糟糕的是,让你不讨人喜欢。在相当长的时间里,男性脱口秀演员一直会抨击女性。这已经不再行得通了。

错误前提的示例:

"超重对女性来说很不好,因为没有人觉得超重的女性有吸引力。"

不管你自己是男是女、现在的体重如何,这个前提都是肥胖羞辱,它很可能会让你在讲出笑点之前就被观众疏远。虽然这种铺垫确实符合主题—态度—前提的公式,但它没有提供任何具有原创性的观点,所以砍掉它。

浏览你所有的段子,并确定每个段子的立场。问问你自己,一个目标是否在任何方面都是弱者。如果答案是肯定的,把这个段子留在"按话题分类的半成品段子"页面,因为这个段子还上不得台面。

10. 好的铺垫包含原创前提

你的前提可以决定你段子的成败。接下来我们要学习如何写出原创前提。

铺垫:前提

一个段子无法让观众笑出来最常见的原因,就是这个段子缺少前提或前提有缺陷。

"那么,到底什么是前提呢?"

前提可以包括以下内容:

- 你的观点;
- 你对某个话题的主张或见解;
- 你对某个话题的洞察;
- 一种独特或有争议的观察;
- 你的视角;

- 前提要告诉观众你认为话题是困难的、奇怪的、可怕的或是愚蠢的。

前提通常位于"因为"这个词后面。一个（话题）很难，因为……你给出这个原因的方式创造了你的前提。

教人写前提一直都很困难。如何才能教会别人提出原创的想法？如何想出犀利且具有原创性的前提？方法之一是检查自己那些有缺陷的前提。

"什么是有缺陷的前提？"

它缺席了。例如："有的人刚刚跟你约会了一个月，就对你说他爱你，这很奇怪。当时我在星巴克，我约会的那个人告诉我……"这个脱口秀演员没有说清楚为什么对方说"我爱你"很奇怪。奇怪的原因并不是她在星巴克。这个段子缺少"因为"和接下来的前提部分。

它没有洞察力。例如："约会很难，因为男人和女人不一样。"前提需要深入细节并给出对约会的新鲜原创见解，这样段子才会好笑，而不是听起来很俗套。

它不合理。例如："约会很奇怪，因为男人寿命比女人短。"啥？让观众感到迷惑一定会同时造成与观众的情感连接中断。

大声读出下面的例子，以理解写前提的错误与正确方式的区别。

错误方式：

"嗯，当我的妻子在医院时，我曾经从一个人那里得到了一张卡片，他说笑是最好的解药。我思考了这句话，意识到这是对的，笑确实会让人们感觉更好，但是我更想要一个医生还是一个脱口秀演员？"

错！这是一个故事，它既缺少态度，也缺少前提。它还是过去时态的。在脱口秀中，不要告诉我们你"曾经从某人那里得到了一张卡片"。我们不需要了解那么多背景故事，直接切入正题。

正确方式：

要以正确方式讲这个段子，一个值得学习的好例子就是吉姆·加菲根的讲法。加菲根去掉了故事元素，根据一句俗语建立了观点，解释了这个富有洞察力的观点，并以呈现的方式结束这个段子：

"据说，笑是最好的解药，是的……不过它得在你从真正的专业医疗工作者那里拿到了真正的药物之后才是。在此之前，你不想得到笑声。你不会希望医生在检查时咯咯笑：'这就是你的身体？胖男人的大胸真不错！'"

"但是，朱迪，你说：'不要讲故事，讲前提。'可是一些最好的脱口秀演员确实会讲故事啊。"

是的，一些脱口秀演员正在转向表演更长的故事。但他们不是在脱口秀俱乐部表演，而是在剧院里表演。很多脱口秀演员在进入段子之前会讲一个小故事。例如，刘易斯·布莱克讲了一个关于听天气预报的小故事，但是一旦他进入"风寒效应"这个话题，他就会马上给出对此的态度（愚蠢），并进入观点/前提。

"我正在听天气预报，他们开始谈论风寒效应。他们应该赶快停止报道风寒效应，这玩意很愚蠢。真的太蠢了。我不知道他们从哪里找出来这么个玩意儿，为什么会报道这个，因为风寒效应就是个谎言。他们说：'嗯，今天是27°F，但由于风寒效应的影响，体感温度是-3°F。'那今天的气温就是-3°F！我不需要知道理想状况下气温多少度！"[①]

快速进入前提将帮助你每分钟获得更多的笑声。

我们来试着写一些关于非常不好笑的话题的前提。

---

① 美国采用华氏温度，27°F约合-3℃，-3°F约合-19℃。——译者注

练习 22：前提——化严肃为好笑

喜剧创作练习册 > 练习 > 练习 22：前提——化严肃为好笑

喜剧伙伴合作练习

在这个练习中，我们选用一个并不好笑的话题：葬礼。和你的喜剧伙伴一起，使用不同的态度词，并为这四种态度中的每一种提出至少三个有洞察力的前提。

（1）葬礼很困难，因为……（插入前提）

（2）葬礼很奇怪，因为……（插入前提）

（3）葬礼很可怕，因为……（插入前提）

（4）葬礼很愚蠢，因为……（插入前提）

不同的前提会产生不同的效果，例如：

缺乏洞察力："葬礼很奇怪，因为你全家人都会在那里。"

这没有意义，也没有回答这个问题："为什么你全家人都会在那里，就会很奇怪？"困惑的观众不会笑。

有洞察力："葬礼很奇怪，因为你要来跟一个人最后道别，但那个人已经听不见你说话了。"

接下来，使用你最有潜力的关于葬礼的前提，在后面接一个呈现或反转。如果你的前提扎实，那么呈现就会比较容易。把你这样写出的最好的段子放在"按话题分类的半成品段子"部分。

恭喜。你已经完成了多项练习，足以用于创作一段 3～10 分钟的脱口秀演出内容。本书后面还会有更多的练习，将你的演出内容扩展到 1 小时。

> **提醒：**
> 你仍在坚持每天晨间写作吗？仍在每天听自己的录音并将其转为文本写到你的喜剧创作练习册中吗？仍在每天在年历上签到吗？坚持下去——你做的练习越多，你就会发现自己写段子的能力越强。信任过程。

练习 23：修改铺垫

喜剧创作练习册 > 按话题分类的半成品段子 > 修改铺垫

喜剧伙伴合作练习

运用你学到的有关前提的所有知识，重新检查你的所有段子并重写"按话题分类的半成品段子"部分每个段子的铺垫，确保你的：

- 铺垫有态度；
- 目标理应被取笑；
- 铺垫是合理的；
- 进入段子前提供的背景信息不超过两句话；
- 铺垫为现在时态（"我在那里"而不是"我曾经在那里"）；
- 铺垫尽可能短；
- 铺垫有一个明确的前提；
- 这个前提的观点对观众来说是新鲜的。

在写前提时，不要只写出一个就觉得自己完成了。针对同一个话题写多个前提，当你觉得你已经写完了，尝试写更多。问问你的喜剧伙伴，他或她以前是否听过某个前提。如果听过,那就放弃这个前提——它很俗套。

> 通过做这些练习,你正在打磨你现有的段子。开始把你打磨好的段子移到"我的演出内容:成品段子块"部分。

现在我们继续研究,讲完一个段子后会发生什么。

用结尾标签和过渡在两个段子之间获得笑声

现在你知道怎么写段子了：

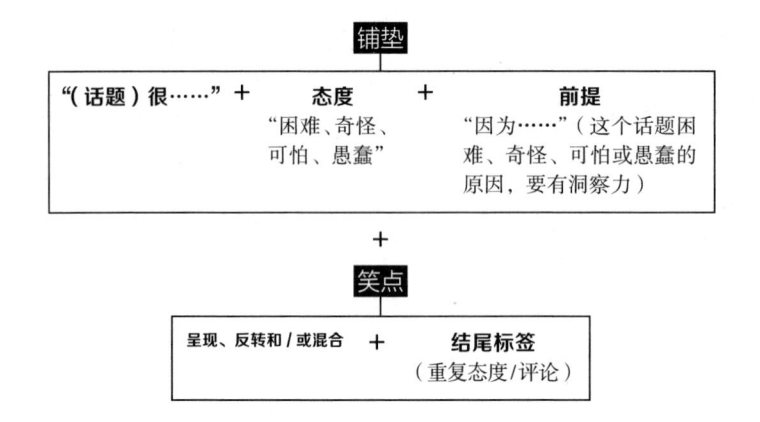

```
           铺垫
"（话题）很……"  +  态度           +  前提
                  "困难、奇怪、        "因为……"（这个话题困
                  可怕、愚蠢"          难、奇怪、可怕或愚蠢的
                                      原因，要有洞察力）
                         +
                       笑点
              呈现、反转和/或混合  +  结尾标签
                                   （重复态度/评论）
```

脱口秀段子结构的另一个元素要在观众大笑期间和之后使用。它叫作"结尾标签"，它对段子效果至关重要。

你对观众笑声的不同反应可能会带来观众小声轻笑和全场爆笑的不同效果。下面是一种行之有效的方法，可以利用你与观众的最佳情感连接点。

结尾标签

在讲出笑点后，从段子结尾处到观众大笑的时刻之间存在滞后。在舞台上，这种寂静感觉就像是永恒。为了结束等待的痛苦，一些脱口秀演员会低头看着地板，避免与观众眼神接触，或者直接跳到他们的下一个段子。做出这样的反应是巨大的错误。它不仅会打断观众的笑声，缩短观众笑的时间，而且更糟糕的是，它使你与观众的连接断开了。不要因为恐惧而急于用下个段子打破沉默，要使用态度作为结尾标签。

使用结尾标签，让段子保持全程态度一致

每个段子的态度不仅仅包括你口中所说的一切话，也包括你如何说这些话和你所表现出的行为举止。

在讲完段子的笑点之后，保持态度一致——无论你以哪种态度开始这个段子，只需要在段子结束时重复这种态度就行。例如："是的……这很奇怪……太奇怪了……"或者就只是摇头说："真奇怪。"这种方法简单而有效。

关于结尾标签，非常重要的一点是：讲出标签的同时，要看着观众。即使这一刻恐惧占据了你的心灵，也要保持抬头看观众。低头、看你的段子顺序表，或者进入下一个段子都会扼杀你与观众的联系，提前结束笑声。要培养在段子结束时轻松地面对观众的信心。

使用态度过渡到下一个段子

转到下一个段子的俗套方法是使用话题本身，例如："说到失败，我男朋友真是个灾星！"

与其使用段子的话题，不如加入一个态度词作为下一个段子的引子。态度词让你能够轻易跳转到任何话题或主题。例如，如果在讲完一个关于旋转门的观察式段子后，你想转向时事话题，那就这样做："没错，旋转门很奇怪……奇怪……还有一件事很奇怪，你们最近看新闻了吗？"

使用招牌台词过渡到下一个段子

在做了一段时间的脱口秀后，你可能会发现你有一个很喜欢重复的短语。很多时候，这句话会成为你众所周知的口号，或者像脱口秀演员所说的那样，是一句招牌台词。例如，

琼·里弗斯："我们能谈谈吗？"

罗德尼·丹泽菲尔德："我完全得不到尊重。"

比尔·马赫（Bill Maher）："我不知道这话的事实依据，我只知道它

是真的。"

达纳·卡维（Dana Carvey）饰演的"教堂女士"[①]："这很特别吧？"

当一个脱口秀演员做一个完整长度（1小时左右）的专场时，他们的招牌台词通常就是他们专场的主题，这通常也反映在专场的标题中。例如，在旺达·赛克丝的网飞专场《这不正常》(*It's Not Normal*)中，她用这句话作为一个段子的结尾标签，然后开始一个新的段子。

"这狗屁事情不正常，各位。这不正常。继续，还有另一件不正常的事情。总统……"

让我们练习为段子增加标签和过渡。

练习 24：增加结尾标签和过渡

喜剧创作练习册 > 按话题分类的半成品段子：增加结尾标签

喜剧伙伴合作练习

在你的喜剧创作练习册中，打开"我的演出内容：成品段子块"部分。练习将每个段子讲给你的喜剧伙伴，并在每个段子的最后添加一个结尾标签，重复你在铺垫中使用的态度（困难、奇怪、可怕或愚蠢）。在使用态度作为结尾标签过渡到下一个段子之前，你的喜剧伙伴会鼓励你当场即兴为段子追加新内容。也许是另一个呈现、反转、评论——我们迄今为止研究过的任何内容。

你会为在你的段子之间还存在多少好笑的东西感到惊讶。直到你用尽了所有可能性，真的没法再追加更多的呈现、不同的前提或另一个反转

[①] "教堂女士"是美国电视节目《周六夜现场》中的经典角色，是由男演员达纳·卡维女装饰演的老妇人，主要在1986年至1990年的节目中出现。

之后，再使用态度词来引出下一个段子。喜剧伙伴要双方互相推动越走越远，提升你们的创作和表演能力，因为这就是成为专业演员所需要的。

如果你一直在按照本书的要求做练习，那么你现在应该有足够的段子可以在开放麦上表演了。我们准备好表演吧。

去抨击强者！为表演做好准备

至此，你的"按话题分类的半成品段子"部分有很多段子，如果你能在"我的演出内容：成品段子块"部分有一些能构成整个段子块的成品段子就更好了。有些段子可能很棒，有些可能还需要修改。

在本节中，我们将浏览你现有的段子，编辑它们，让它们抨击强者，删除一部分，并将最好的那些段子添加到你的"我的演出内容：成品段子块"部分。

"段子块"是指关于某个话题的多个段子的集合，比如你的"约会段子块""破产家庭中长大段子块""观察生活段子块"等。以专业水准编写的时长60分钟的演出内容通常会由3～6个段子块组成，因为专业演员喜欢深挖一个话题，直到挖出一切潜力。一个5分钟的新手段子列表可能有2～4个段子块，每个话题的段子数量更少，因为新手脱口秀演员还在尝试新东西。

我不骗你。下一个练习会很困难。编辑修改自己的段子总是很困难的。所以，充分休息，找上你的喜剧伙伴，按照下一个练习中的指导从头到尾仔细阅读你的所有段子。

练习25：检查和修改段子

喜剧创作练习册 > 我的演出内容：成品段子块

喜剧伙伴合作练习

与你的喜剧伙伴一起浏览"按话题分类的半成品段子"部分的所有段子。对每一个你很喜欢的想要上台讲出来的段子，使用下面的11个步骤进行检查。这个练习需要时间，但仔细想想——你理应为你迄今已完成的工作感到自豪。享受看着你的演出内容开始成型的过程吧！你的一些段子会在这里彻底被淘汰，而另一些则会成功进入到你的"我的演出内容：成品段子块"文档。每个打磨好的段子都必须符合本节中的所有标准——无一例外。

> 逐字写出一个你最喜欢的段子，一次写一句话。每写完一个句子后，分析这个句子的每一个单词。为什么这些词句有效？单词的音节如何创造节奏？这些句子如何为笑点做铺垫？脱口秀的语法是什么？
>
> ——加里·古尔曼

1. 你的铺垫公平吗？

我知道我之前提过这一点了，但还是要重点重复一遍：抨击那些已经被认为是受压迫的弱势群体的人并不酷。弱势群体包括性少数群体、女性、有色人种、移民等。创建不冒犯的原创段子是专业人士的标志。任何人都可以被惩罚吓住，却少有人会发自内心地尊重他人。话虽如此，这并不意味着我们应该搞自我审查，远离尖锐的段子。如果你能巧妙地铺垫一个有争议的前提，那么你可以逃脱所有（来自认为你段子不公平的人的）惩罚。

"女人讨厌""男人是坏蛋"这些太俗套了。

要保持"觉醒"，照照镜子，镜子里就是你需要取笑的人和性别。下面是一个很好的例子，男性脱口秀演员吉姆·杰弗里斯和女性脱口秀演员黄阿丽在"女性非常善于操纵男人求婚"这同一个话题上有着基本相同的前提，但他们采用了不同的处理方法。

注意吉姆·杰弗里斯如何利用他的铺垫来软化他对女性的批评并逃脱

惩罚。

"你们这些女士太聪明了。姑娘们都是天才,因为一般你们才是想要结婚的人,这很奇怪,因为,不知怎么搞的,你们就把这事设计成了男人要主动求婚。这是绝地武士级别的心灵诡计。是的。好计策。天才啊,女士们。天才。你们就像尤达大师:'我想结婚,但你得来求我。'好,听你的。'你会单膝跪地。'没问题。'你还会给我买一枚昂贵的戒指。'遵命。'这事是谁的主意?'都是我自己的主意。干得好,女士们。干得好。"

没错!干得好,杰弗里斯。干得好!

还是同样的前提,但从女性视角出发,黄阿丽的段子说:

"(求婚这件事)太奇怪了,我偷偷怀疑我未婚夫会求婚,因为……我一直在向他施压逼他这样做。这就是真实生活中求婚的方式,不是吗?女人必须把求婚这个想法植入男人的脑子里。开始时是消极地希望他能自己想到,然后如果他没想到,女人就变得超级主动。你必须威胁他要分手,但你根本不会真的分手,因为你知道自己已经年纪大了,回头重新找一个男的,还要从头再来一整套操纵男人的流程,已经来不及了。所以你会想:'我就坚持跟这个男的在一起,专心困住这个男的,我要唠叨死他,直到他变脆弱、屈服、厌烦。'男的求婚的时候感觉就像:'快闭嘴吧!行了,你愿意嫁给我吗?'而男的求婚之后,女人总是(呈现惊喜):'我的天啊!他求婚了!'"

所以,如果你在铺垫时对你取笑的目标保持尊重,你就可以使用尖锐的、有争议的观点。

> 不要用幽默来压迫那些已经在现实中遭受压迫的人。不要抨击弱者。抨击强者!

2. 你的铺垫合理吗？

困惑的观众不会笑。段子讲得令人费解或模糊不清的脱口秀演员是最容易冷场的。你的喜剧伙伴可以帮你避免这种问题。如果你的喜剧伙伴告诉你，他或她没听懂这个段子，不要争论，重写或放弃这个段子。如果一个段子需要你进行解释，那你在台上讲它的时候就等着冷场吧。为你自己好，放手吧。要时刻记得合理性很重要，对你的段子进行"逻辑扫描"。

3. 你的铺垫有态度吗？

如果你的段子中缺少态度，那就放一个进去。你不一定要直接说出态度词——困难、奇怪、可怕、愚蠢——但你必须在每个段子全程传达出你的态度。你的态度越直接越明确，你得到的笑声就越多。强调每个段子中的态度。确保你使用的态度在段子中从头到尾都是适用的。

4. 你的铺垫已经尽可能简短了吗？

段子得不到笑声的主要原因之一是铺垫太长和/或令人困惑。删除所有不必要的单词。如果从开头到笑点的时间超过10秒，缩短铺垫。

5. 你的铺垫是现在时态吗？

记住，你完全可以用过去时态写一个小故事，给观众提供必要的信息，但是当你进入段子，请把所有过去时态的动词都改成现在时态。例如，"我父亲说……"而不是"我父亲曾说过……"即使你的段子是关于过去的事情，你仍然可以使用现在时态。例如，当你讲一个发生在你10岁时的段子时，说："我10岁，我看到我的老师在抽烟……"

6. 你段子里有类似"大家过得好吗"或"这是真事"的废话吗？

如果有这种话，那么删，删，删，因为这是俗套。

"大家过得好吗？"观众过得跟前6个演员上台的时候一样好，那6

个演员都问了同样的蠢问题。

"这是真事。"——所以，你前面的所有段子都是假的？要完整保持你的可信度，就永远别说这种话。

7. 你的段子缺乏真实性吗？

确保你自己与你的段子是有情感连接的。它应当是真实的，并且对你有意义，这样观众才能与你共情。当写段子只是为了获得笑声，而不是写你真正在乎的东西时，你的段子会听起来很俗套，除了冷笑什么也得不到。

8. 你的段子是否包括呈现？

在你的铺垫中是否有你没有呈现出来的角色？那就添加一个呈现！添加呈现意味着增加笑声。即使你在谈论一个无生命的物体、一只宠物，或者你身体的一部分，也要通过呈现来让它发出自己的声音。

9. 你的段子是否有出乎观众意料的发展？

你的段子有反转吗？有混合吗？在已经奏效的段子中增加一个混合是获得更多笑声的明智之举。混合是深入挖掘话题并在对话题更细致的讨论中获得笑声的秘诀。

10. 你的段子是否有明确的前提（陈述观点）？

每个段子都必须有一个前提，而不是一个故事。当段子没有得到笑声时，很可能它缺少前提，而且大多数情况下，它是一个故事。

例如："感情关系很奇怪，因为我和一个男人交往了两年，然后我……"

啥？感情关系很奇怪，因为你和一个男人交往了两年？这话是完全没有道理的。首先说清楚为什么感情关系很奇怪，然后开始你对此的解释。人们喜欢听故事，但单纯讲故事在脱口秀俱乐部的环境下是没用的。

如果你的铺垫中用到了"然后我……"这种话，那么你在讲故事，而不是在做脱口秀。重写！

"但是朱迪，我见过一些非常搞笑的脱口秀演员，他们就只是讲故事。"

> 史蒂芬·赖特说："人们可能会认为我在通过讲故事尝试新的东西，但它们只是多个段子互相连接起来，给人以故事的错觉。"

再次查看他们的整个演出过程。他们可能表面上看起来是在讲故事，但事实却并非如此。如果他们的演出是在脱口秀场地举办的，而不是在 TED 大会上，他们就会使用那些基于前提的段子，而不是基于故事的演讲。许多脱口秀演员，如迈克·比尔比利亚，已经转向长篇叙事形式，在剧院而不是脱口秀俱乐部演出。但是，如果你研究一个讲故事的脱口秀演员，当他们进入好笑的部分时，他们会回到脱口秀结构中。看看比尔比利亚的段子：

"我是被爱迟到的人养大的。我的父母都经常迟到。我还是个孩子的时候，去上基督教青年会（YMCA）的游泳课，课后我妈妈要来接我，她经常下课后90分钟才来。这很奇怪，因为她就像有线电视公司（没有准确的时间点而只给出上门的时间段）。'我会在下午2点到6点之间来接你。'我一个10岁的孩子，站在街角，穿着还在滴水的泳衣和人字拖。我妈妈还没出发，她在读书俱乐部讨论小说《紫色》。我说：'妈妈，我都冻成紫色的了！'"

背景信息有时是必要的，让观众在铺垫之前了解段子发生的环境。但是，当你进入段子时，要确保它符合脱口秀结构。

> 喜剧演员凯西·格里芬（Kathy Griffin）最开始在脱口秀俱乐部演出。她冷场了。与她同台的都是每10秒钟就赢得一次笑声的脱口秀演员，而她却在讲述两次笑声之间要隔很久的故事。沮丧的格里芬开始在好莱坞"即兴"脱口秀俱乐部隔壁的咖啡店里表演。在那里，以及在其他接受叙事性表演的场所，比如"反卡巴莱"（The Uncabaret，洛杉矶著名的另类脱口秀俱乐部），她形成了自己独特的叙事喜剧风格。现在，她成了一个家喻户晓的喜剧演员，在世界各地的演出都非常卖座，经常一次表演长达3小时。请记住，并非所有一个人登上脱口秀舞台的演员都是脱口秀演员。

脱口秀和叙事喜剧之间的区别：

脱口秀	叙事喜剧
基于你对话题的观点	对一系列事件的描述
快节奏的铺垫——笑点结构	讲述过程直到结尾才需要有笑点
最好采用现在时态	通常用过去时态讲述
每10秒钟让观众笑一次	故事要有开端、发展、结尾，讲述需要的时间远比10秒钟要长
可以是真实发生的事，也可以是虚构的	要求是真实事件
基于一个独特的视角（前提）	用"然后……"这个短语驱动

11. 你喜欢你讲的东西吗？

最后，也是最重要的，你自己对这个段子有什么看法？你永远不会取悦所有人，但你必须取悦自己。

第3章 脱口秀结构：16个提示让你写得更专业

多年前，一位业内颇受尊敬的演出经纪人约我在洛杉矶的罗克西俱乐部（The Roxy）演出，这场演出阵容强大，包括多位当时的热门脱口秀演员——比利·克里斯托（Billy Crystal）、莉莉·汤姆林（Lily Tomlin）等人。演出前一天，这位经纪人告诉我，他之所以会约我演出，是因为这是俱乐部老板的要求。如果他不约我来演，那位俱乐部老板也不会要他代理的其他演员来演。然后这位经纪人告诉我他有多讨厌我的段子。这可太伤人了！

所以，我出去散步，大声说出每个段子，问自己：“我喜欢这个段子吗？”在仔细检查了每个段子之后，说实话，我的一些段子有点过时和俗套，所以我把这些段子去掉了。

我上台演出，炸场了！那位经纪人改变了他的看法，又帮我预定了一次10个城市的巡演。一天晚上，他喝多了之后告诉我：“顺便说一句，你长得和我的前妻一模一样。”原来无论我在台上讲什么，他都会因为我的长相而讨厌我。

要知道，你永远无法取悦所有人，大多数时候你不会知道为什么。

回顾一下，请使用以下11个标准，检查你喜剧创作练习册"按话题分类的半成品段子"部分的每一个段子：

（1）你的铺垫公平吗？（目标是否理应被取笑？）

（2）你的铺垫合理吗？

（3）你的铺垫有态度吗？

（4）你的铺垫已经尽可能简短了吗？

（5）你的铺垫是现在时态吗？

（6）你段子里有类似"大家过得好吗"或"这是真事"的废话吗？

（7）你的段子缺乏真实性吗？

（8）你的段子是否包括呈现？

（9）你的段子是否有出乎观众意料的发展？

（10）你的段子是否有明确的前提（陈述观点）？

（11）你喜欢你讲的东西吗？

只有符合所有这些标准的段子，才值得被移动到"我的演出内容：成品段子块"部分。

接下来，是所有脱口秀演员都想要得到答案的大哉问："我该用什么开场？"

开场：如何在 17 秒内让观众喜欢上你

第一印象是会持续的。你的开场对你接下来的演出效果至关重要。研究表明，当第一次见到一个陌生人时，人们会在 17 秒内形成第一印象。在脱口秀俱乐部里，你面对的评判会来得更快也更严厉。很多脱口秀演员都经历过，当他们刚刚走上台的时候，就有恶意捣乱的人朝他们尖叫："你烂透了！"

你的开场段子需要建立以下印象：

- 演出现在由你掌控；
- 你很讨人喜欢；
- 你的喜剧人格；
- 你的脱口秀技能水平；
- 你与观众是有情感连接的（这是最重要的一点）。

我们专注于如何从上台那一刻起就获得发号施令的权力。换句话说，如何成为观众的脱口秀大魔王，如何显示出足够的自信，让他们向你投降——这样你就成了他们的主人，让他们笑！

"那么，好的开场应该具备哪些特点呢？"

每个新入行的脱口秀演员都痴迷于一个问题："我该用什么开场？"

这是理所当然的。

首先，要知道不该用什么开场。

糟糕的开场

- 贬低俱乐部、主持人、其他脱口秀演员或为你的演出付钱的人。除非你不想再干这行了。

- 用政治、性别歧视、恐同或种族主义的段子开场。更明智的是，不要用任何会在人群中引发分裂意见的段子开场。作为脱口秀演员，你的工作是让人们相聚，而不是让人们割裂开来。

> 喜剧是团结的工具。喜剧是一种搂着另一个人，指着某样东西，然后说'我们一起做那个一定很好笑吧？'的方式。喜剧是一种伸出援手的方式。
>
> ——凯特·麦金农（Kate McKinnon）

- 用你自己无法持续其风格的段子开场。开场段子必须能够代表你的脱口秀品牌形象，因为这个段子会向观众介绍你，给观众一个接下来会看到什么内容的心理预期。所以，如果你以一个充满脏话的粗俗段子开场，而你演出内容的其余部分则是关于作为一个祭坛男孩在教堂帮忙的，那么你就先用开场段子的情绪和基调为观众设立了心理预期，接下来却没有兑现。没有人喜欢这样。

- 因为事先做好了计划而过于僵化。要灵活调整，让观众觉得你的段子很自然。一个开场段子，昨晚给虔诚的教徒观众讲的时候效果很好，可能今天面对年轻的酒吧人群就不会有用。要乐于尝试用新的东西开场，以适应演出场合和观众口味。

使开场显得更即兴的 6 个技巧

一个显得很像当场即兴创作出来的开场白，会让观众觉得你不是在讲事先准备好的"罐头段子"，而是心思完全在现场。然后……你就可以讲那些罐头段子了。

1. 强效开场：通过指出显而易见的事获得即时反馈

在《主持之书：如何避免做个烂主持人》（*The Book on Hosting: How Not to Suck as a Emcee*）中，脱口秀演员丹·罗森伯格（Dan Rosenberg）建议通过至少获得两次观众的反馈来开始你的演出。一件显然有效的事情是请观众为主持人鼓掌。与此同时，通过指出主持人的明显（且积极）的特征来获得笑声。然后让观众为他们周围的环境、俱乐部、服务员等明显的东西鼓掌。

有一次，一位声音低沉的主持人介绍我出场。我走上舞台，看着他说："谢谢你，汤姆。很棒的介绍。让我们给他一点掌声。"（掌声）。我接着说："你声音真好听。我现在意识到，原来是你给达斯·维达配音的。"（观众大笑）。

至于第二次反馈，你几乎可以请求观众为任何事鼓掌——他们会鼓掌的。

"让我们给甜点师一点掌声，甜点师给我们带来了蛋糕和派！"

记住，人们喜欢成为段子内容的一部分，所以提到一些显而易见和包含他们在内的事情会让他们站在你这边。集体回应（鼓掌）的行为也会使观众进入从众的屈服状态，并鼓励他们放下饮料和手机。

你不必精确计划你要说的第一件事。让你上台之前所观察到的现场环境自发产出内容。这可能很可怕，但观众会做出很棒的反馈，这是开始你的演出内容的好方法。

你现场自发评论的目标人群示例：

"让我们给……一点掌声！"

- 那个刚刚修好空调、堵住的马桶或者在啸叫的麦克风的家伙。
- 那个通过了药物测试，可以操作聚光灯给我打追光的家伙。
- 来自加拿大，永远友善的观众朋友。

相信我，这些都有效。只是要确保你没有重复另一个演员刚才评论过的内容。

2. 强效开场：灵活调整开场段子

在观众跟着你的引导，为你所要求他们鼓掌的对象鼓掌之后，让你的开场段子保留灵活调整的空间，这样你就可以加入现场刚刚发生的事，或者你知道观众正在想的事。

有一次在洛杉矶的一个开放麦现场，有一个块头非常大的变装皇后坐在前排，全场观众都可以看到她。你可以看到人们低声说："那个人是女人吗？还是男人？"我看着一个又一个脱口秀演员走上舞台，却都无视了这个情况。我走上舞台，开场白是对她说："我只想说你看起来超级棒！"全场观众都笑了，鼓掌了，终于松了一口气。有时，你只需要观察观众并提到每个人都在关注的内容，就能与观众建立连接。

3. 强效开场：让你的开场段子与观众有关

了解你的观众，建立一座桥梁，让你的生活与他们的生活交汇。先通过谈论令观众感到困扰的事情，与他们建立情感连接，然后再开始谈论你自己的问题。

在给公司的商务活动演出时，我打电话给该公司的员工进行前期采访，我问他们："对你来说糟糕的一天是什么样的？"我以这种方式获得了很多段子，而且通过用与观众有关的段子开场，可以马上与他们建立连接。在为一家电信公司演出时，一名员工说："要去的施工现场分布在各处，我们没有固定的停车场！我只能把车停在街边的停车收费码表旁，每4小时去挪一次车。"[1]

我开场说："我今天不打算讲太久，因为我知道你们还得去给停车收费码表交钱。"这句话得到了一阵很猛烈的笑声和掌声。这个段子会在观众中建立我的形象，他们觉得我花了时间去认真了解他们，而且我的段子

---

[1] 老式停车收费码表一次最多只能停4小时，超时会有罚款。

是现场即兴创作的、与他们相关的,而不是"罐头段子"。

使用与观众有关的段子开场的另一个好办法是遵循三项列表公式:普遍问题—普遍问题—与观众有关的特定问题。

例如:

"现在世界上有很多严重的问题,比如恐怖主义(普遍问题)、气候变化(普遍问题),以及今晚没有啤酒供应(与观众有关的特定问题)。"

4. 强效开场:提到前面的演员、主持人,或者在你上场前的演出内容

评论在你前面上台的演员是很容易且有效的……只要你别打破"永远不要贬低脱口秀演员同伴"的基本原则就行(就算他们真的很烂也别说出来)。你可以对上一个演员谈论的话题发表评论,并用它来过渡到你的段子。例如,如果上一个演员在表演最后讲了一整块关于他离婚的段子,你开场时可以说:

"是的,正如汤姆所说,离婚很可怕。实际上,对我来说离婚会是一项成就,因为离婚就意味着我至少真的撑到了第二次约会。"

然后继续你的约会话题。

另一个好策略是拿刚刚发生的事情讲段子。有一次在加利福尼亚州莫德斯托市的商务演出中,我前面的节目是该市特警队的演习。由于知道当地以农业经济为主,因此我开场说:"为什么莫德斯托还需要一支特警队呢?(呈现)'别动!放下那些草莓,否则我就开枪了。'"观众大笑,我一开场就获得了他们的喜爱。

5. 强效开场:抓住当下时机

在你上台前不久,甚至就在你台上演出的同时,会发生一些小意外。如果有事发生,立即抓住这个时机。对发生的任何事情做出反应,包括电

话铃声，观众在你表演中途起身，有消防车经过，服务员弄掉了盘子。

脱口秀演员黛安·尼科尔斯（Diane Nichols）在服务员弄掉盘子时会说："哦，把它放到地上就行。"

抓住当下时机也适用于那些未发生的事情。例如，如果你的段子没能让观众笑出来：

"既然我们都要默哀片刻，我得利用这段时间为我剩下的段子祈祷。"

如果出现任何问题，请立即抓住时机。

例如，如果空调坏了，说：

"真是个美好的夜晚啊！只需10美元票价，你又能看脱口秀，又能蒸桑拿！"

> "我知道你们在想什么……"
>
> 说出观众的想法是一种建立连接的好方法，特别是当他们在想负面话题时。例如，如果一个段子冷场了，你可以说："我知道你们在想什么：'这个演员还是应该好好干她白天的三份工作。'"
>
> 当我开始参加商务演出时，我担心我没有资格在高层管理人员面前讲话，因为我从未有过真正在公司里工作的经历。所以，我用这种技巧告诉观众："你们可能在想：'到底为什么要花钱请一个脱口秀演员来讲段子？为什么不能请一个知道自己在说什么的人来讲话，比如政府顾问？'"观众大笑，更好的是通过说出自己的担忧，让这种担忧消失了。

如果你不擅长即兴讲现场内容，你可以对主持人介绍你的话做出反应，这样也能在开场时获得观众的笑声。我记得鲍勃·尼赫曼（Bob

Nichman）被主持人介绍为一个有很多电视节目从业经历的演员。他开场说："没错！我已经在洛杉矶待了6年，我已经有了一个自己的系列剧——一系列的失望。"

6. 强效开场：谈论人人都能看到的东西

对于几乎任何观众群体都有效的爆笑开场秘诀是：用现场所有人都能看到的东西讲段子——舞台、灯光，或者更好的选择，你自己。

路易斯·安德森（Louis Anderson）是一位很胖的脱口秀演员，他有一句爆笑开场白："你们都能看到我吧，我不会被这个麦克风架挡住吧？"

黛安·川崎（Diane Kawasaki）是一位亚裔侏儒症患者，她运用观众看到她身高不到3英尺时心里可能会有的想法来讲开场段子。她走上舞台说："我知道你们看着我的时候在想什么……正确的称呼是亚裔美国人。"[①]

关于自嘲的练习也可能会变成一个很棒的开场。详见本书后文。

现在，我们来确定你的开场段子。

练习26：写出爆笑开场

喜剧创作练习册 > 练习 > 练习26：写出爆笑开场

喜剧伙伴合作练习

[①] 3英尺约0.91米，黛安·川崎公开的身高为3英尺4英寸，约1.02米。她的段子与英文中对侏儒症患者的称呼有关，传统称呼"dwarf"目前通常被认为是歧视性词汇，大众普遍接受的称呼是"little person"。

选择一个开场段子

按照上一节中的指导方针,浏览"我的演出内容:成品段子块"和"按话题分类的半成品段子"部分的所有段子,然后再查看你"想法"文档中的晨间写作和语音转录文本,选择一些段子作为你的开场段子。如果你不确定,没关系,随便选择几个,先让你演出的开场位置有个段子就行。当你继续阅读这本书时,开场段子很可能还会改变。

创造真实的开场

有些脱口秀演员坚持使用预先计划好的开场。马克·米勒(Mark Miller)总是用他的名句"你还爱我吗?"开场。但在这个时代,观众渴望真实性和真诚感。你不能预先计划现场创作的内容,但你可以和你的喜剧伙伴一起练习即兴表演技巧。

站在你的喜剧伙伴面前,试试这些练习:

(1)挑出几个你认为适合开场的段子。应该选那种能够给你的演出定下基调的段子。那可以是一个关于你自己或观众的段子。

(2)练习让观众为两件显而易见的事情鼓掌。然后练习以自然的方式顺滑切入你的开场段子。

(3)接下来,让你的喜剧伙伴在你练习走上舞台时喊出一些意外情况,你要马上做出反应。例如:

- 观众的电话铃声响了;
- 上一个演员贬低了女性,而你是女演员;
- 服务员掉了个玻璃杯;
- 第一排所有人都起身走出去了;

- 场地温度太热了；
- 观众中有一伙人是来开婚前单身派对的（活跃过度）；
- 主持人说错了你的名字。

(4) 即兴反应后，练习进入你的第一个段子。如果过渡的感觉不自然，那么尝试用不同的段子来开场。

(5) 将你目前确定的开场段子加到喜剧创作练习册的"段子顺序表"中。

需要大量的舞台时间，很多次失败的尝试，你才能放心地用自己的喜剧直觉确定如何开场。但与此同时，通过练习以不同的方式为不同的观众和现场情况开场，你在面对观众时可以更有把握。稍后，我将再向你展示一些练习，这些练习也将为你提供更多开场段子的可能性。但现在，你至少要在喜剧创作练习册的"段子顺序表"部分写下一些关于用哪个段子开场的想法。

现在，我们来确定你用什么段子结尾。

使用回收笑点，讲出精彩结尾

我相信你也听说过这样一句话："在观众大笑时及时退场。"你的结尾通常是你最好笑的段子，而且往往也是你最成人化的段子。所以，如果你确实有与性相关的段子，把它留到最后。当然这对在教堂演出的脱口秀演员并不适用。

你希望在自己的演出结束时能让观众大笑，而保证获得笑声的方法之一是使用回收笑点（Callback）技巧。

"回收笑点到底是什么？"

一个段子引用了你此次演出中之前讲过的另一个段子（引用原段子的话题、笑点或者标志性的短语都可以），这就是回收笑点。第二个段子使用与第一个段子相同的单词或短语，但把它放到不同的上下文中。想要在演出结束时获得巨大笑声，让观众在你下场时喊"再来一个"吗？专业提示就是在结尾的段子里使用回收笑点技巧。

回收笑点曾经帮助我在段子冷场时获得笑声，当时我引用了自己在那次演出中讲过的另一个段子。

那次演出中我讲了个段子："奇怪的是，洛杉矶没有人会笑了……因为他们笑不出来，他们打了太多的肉毒杆菌毒素瘦脸针。我讲了个段子，观众们说（演绎一个面部僵硬的人）：'你真是太好笑了！看着我。我正在大笑。'"

然后，在稍后的演出中，有一个段子冷场了，观众不笑。我说："我知道了，你们也打了肉毒杆菌毒素瘦脸针。"这个回收笑点引发了观众的笑声，拯救了我。

回收笑点会让观众觉得他们正在与你分享一个内部段子。例如，在与观众互动时，你可能会得知第一排有位女观众刚刚离婚，她名叫黛比。在你后面的表演中，你可能会讲到关于"被男人甩掉的女人最终独自买醉"的段子，你加上一句："你有同感吧，黛比？"观众大笑。你们在分享同一个"私人订制"的段子。

因此，在你演出的结尾处使用回收笑点是一种非常容易让观众满意的方式，你可以用它获得观众的大笑并圆满结束。

让我们看看你的"按话题分类的半成品段子"部分，是否隐藏着一些可以用来给演出结尾的回收笑点。

练习27：回收笑点，精彩结尾

喜剧创作练习册 > 练习 > 练习27：回收笑点，精彩结尾

喜剧伙伴合作练习

看看你的喜剧创作练习册中的段子。哪些段子是你想用来开场，或者一定会在演出的前几分钟讲出来的？你认为在演出后期或者结尾时重复哪些单词、短语或话题会很好笑？和你的喜剧伙伴一起想一些使用回收笑点的方案。

例如：你在演出开始不久时讲了关于"你哥哥会搂着猫睡觉，这很奇怪"的段子。然后你用"谢谢，我得走了，我答应过我家猫，我会早点回家搂着它睡觉"结尾。

最好的回收笑点是你现场想到的。演出时要对所有的可能性保持开放心态。

与此同时，该为你的演出编写段子顺序表了。你知道的，你日历上有定好日期的演出。你定好演出日期了吧？

确定段子顺序表，克服怯场

对于刚入行的脱口秀演员来说，最大的恐惧之一就是忘记他们的演出内容。我们可以专心研究编写段子顺序表的方法，消除对忘记段子的担忧。

段子顺序表不是完整的文字脚本，而是一张备忘速查表。你要写一个由单词或简短短语组成的列表，来保证你能记起自己接下来该讲什么段子。这可以让你完全专注于演出现场，并消除与忘词相关的忧虑。

> 这是我 60 分钟演出的段子顺序表。我用粗笔写，这样我很容易就能看清，然后把它放在高脚凳上，水杯旁边。这样如果我记不清接下来该讲什么内容，我就可以在喝水的时候瞄一眼顺序表，并知道自己该讲什么。

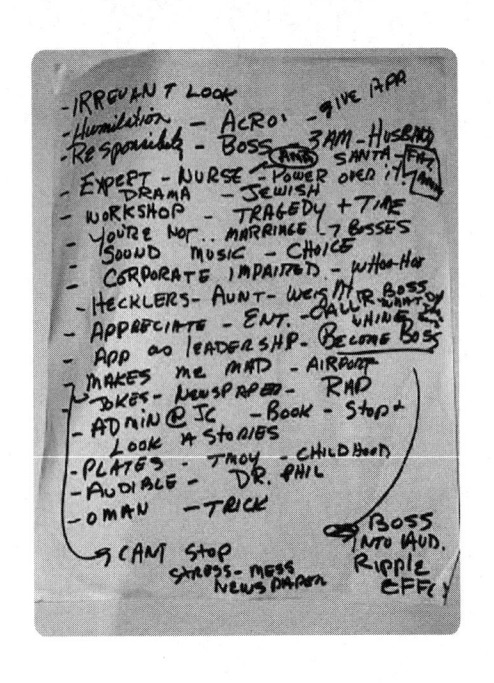

在编写段子顺序表之前有一个提示，它可以帮助你确定段子的最佳顺序。

当你是一个新脱口秀演员时，把观众想象成初次约会的对象会对你有帮助。你会想从你们有共同话题的东西开始，比如住在同一个城市、有类似的文化背景或者共同的兴趣。随着观众对你越来越满意，要讲出更多个人化或观点尖锐的信息会更容易。但就像第一次约会一样，如果观众得知的第一件事是你的月经周期或你最近得了疱疹，他们可能会反感。记住，很多时候，观众看演出同时还在吃奶酪玉米片，所以要让他们笑——而不是恶心。

在下一个练习中，与你的喜剧伙伴进行有趣的即兴创作的演出。

练习 28：准备好——列表的乐趣

喜剧创作练习册 > 练习 > 练习 28：准备好——列表的乐趣

喜剧伙伴合作练习

接下来练习放松状态，很多脱口秀俱乐部会将这个练习作为演出形式使用，那是一种名为"段子列表——无边界爆笑"的演出。当专业脱口秀演员上台时，他们会得到一个列表，并必须使用列表上提供的话题在现场即兴创作段子。我们来试试吧。

我们将首先列出这些话题。和你的喜剧伙伴在一起，站起来，运用脱口秀结构来处理这些话题。

以下是一个示例列表。用态度对这些话题发起进攻。然后从中推导出前提（观点或洞察），然后进行呈现或反转。

说说为什么这些话题很困难、奇怪、可怕或愚蠢：

- 在你已破产时去购物；
- 挑选文身图案；

- 女子网球；

- 名人婚礼；

- 年纪大了之后的约会；

- 大学食堂的食物；

- 住在宿舍里；

- 作为素食者和吃肉的朋友一起吃饭；

- 保持清醒，但你的朋友已经喝醉了；

- 甜甜圈的孔[①]；

- 和家人一起过节日；

- 狗睡在你的床上；

- 人生教练。

当你放松时，你可能会发现你正在当场写一些最棒的段子。因此，要给你们的练习内容全程录音，并捕捉你最喜欢的反应（要坚持做这件事），并把它们放在你的喜剧创作练习册中。

练习 29：组织段子顺序表

喜剧创作练习册 > 段子顺序表

喜剧伙伴合作练习

现在，把你的成品段子整理成一组顺序表。

（1）创建代号。浏览文档中所有打磨好的段子，在每一个段子的开头

---

① 原文为donut holes，是指一种甜食，使用与甜甜圈相同的面团和油炸方式制作，但外形为小球形，形状和尺寸正好与甜甜圈中间的孔洞一致。

用显眼的字体写一个代号或简短的短语。例如，关于你奶奶在你生日时喝多了的段子可以缩写为："奶奶醉酒"。

（2）整理你的段子顺序表。记住：把观众想象成第一次约会对象。从你们有共同点的东西开始，比如在办公室工作、开车或网上购物。当观众对你的段子更满意时，你可以引入更多个人化或观点尖锐的信息。

（3）编辑你的段子顺序表。根据你的演出时长及场地类型进行编辑。

喜剧创作练习册 > 段子顺序表 > 三分钟干净段子

这种类型的段子顺序表可能如下所示：

- 书呆子
- 新来的小狗
- 破产
- 被甩

如果你要带段子顺序表上台，把它放在你旁边的高脚凳上。只有在观众大笑之后才去看它，然后在你讲出结尾标签之后再去看它。在笑声中低头看段子顺序表会缩短笑声持续的时间。当观众大笑时要和他们在一起，这是至关重要的。一些脱口秀演员在他们的段子顺序表旁放一杯饮料，作为低头的理由。

带不带段子顺序表上台？

许多著名的脱口秀演员也会把他们的段子顺序表带到开放麦的舞台上，用来打磨他们当天新写或者新修改的段子。但你几乎不会看到一个脱口秀演员在商演中带段子顺序表。如果观众看到段子顺序表，会削弱他们心中脱口秀演员现场发挥出自己好笑特质的错觉，让他们想起现场的内容其实是预先准备好

> 的。因此，请迈出脚步进行你的信念之跃，把段子顺序表留在台下。说到底，万一你忘记了你预先写的段子，没准你当场想到的段子还会更好笑呢。

（4）记清楚你的最后一个段子及其长度。你可能刚讲到一半，你的演出时间还剩1分钟的指示灯就亮了。所以，如果你的最后一个段子时长是30秒，你需要能够从你段子顺序表上的任何位置完美过渡到最后一个段子。练习从你的演出内容中间切到最后一个段子。你会发现，如果希望在职业生涯中总能按时结束演出，这种技术必不可少。

使用段子顺序表练习你的演出内容，直到你觉得自己完全记住了为止。尽量不要把你的段子顺序表带到舞台上。我们来研究如何记住你的演出内容，因为忘记段子是脱口秀演员最大的恐惧之一。

如何记住你的演出内容而不露痕迹

"我特别特别害怕自己会在台上忘掉所有的段子！"

记住脱口秀演出内容的方式与记住一篇演讲内容的方式有很大不同。你不会希望自己在台上听起来像一个机器人演员。也就是说，有些段子依赖于非常具体的措辞，而呈现则通常是放松和自然的。以下是一些建议。

练习 30：记牢演出内容

带着你的段子块去散步

带着你的段子散步——每次带一个段子块。做一项一直重复的运动，比如走路或者把球扔到墙上反弹回来也可以，这种运动能有效地将你的段子转化为肌肉记忆。

因此，请先通读一整块的段子。如果你正在写一段 3 分钟的演出内容，一个段子块可能时长 1 分钟。把你的段子放到一边，拿起手机，在你一边散步一边讲段子时给自己录音。当你散步时，想象你面前正坐着观众，带着态度大声讲出你的段子。在讲完每个段子后，抬头向你想象中的观众点头致意，讲一个结尾标签，让他们有机会笑出来。在路人眼中你也不会太奇怪，因为他们会认为你正在用手机跟人吵架。

如果你忘记了段子，就即兴发挥。如果你想出了更多的段子，录下来。完成后回家，把你刚讲的内容和你原本写的内容对比一下。很有可能你一边散步一边讲段子的方式才是这个段子应当被讲出来的方式。如果你忘记了一个段子，很可能这个段子本身就是尴尬或不真实的，你有充分的理由把它排除在你的演出内容之外。再出去散一次步，如果你又忘记了这个段子，相信你的直觉，把它删掉。

完成第一个段子块后，继续下一个段子块。额外的奖励：在这种练习结束时，你不仅记住了你的演出内容，而且还做了一些有氧运动。

> **警告！不要对着朋友练习你的段子。**
>
> 以前有个学生原本有很好的演出内容，然后他试着给他的朋友们讲了。他们不喜欢这些内容，并给了他新的建议。在我们的班级展示演出上，他讲了关于性的恶心段子，并彻底冷场了。脱口秀和在朋友聚会上讲段子不是一回事。与你的喜剧伙伴一起练习，并信任他们。

按地点记忆

一个超级有效的帮助记忆的方法是在不同的物理位置讲你演出内容的各个部分。例如，你可以在麦克风架前讲关于你父母的段子块。然后把麦克风拿出来，移动到舞台左边，讲关于你最后一次分手的段子块。将段子块与特定位置相关联可帮助你记住段子。

> 约翰·金德（John Kinde）是一位专业的演说家和幽默家，他建议在记住你的演出内容和即兴表演之间找到一个平衡点："演出内容的某些部分应该被精确地记下来。试着每次都以完全相同的方式讲这些部分。但是，如果你稍有偏差，也不要僵住。不要成为文本的囚徒。"
>
> 但是有一些特定的内容，你绝对必须记住：
>
> 你演出内容每个段子块的第一句话。这样即使你脑子空白一秒钟，也能想起来过渡到另一个段子块的方法。
>
> 最后一个段子。相信你永远不想在你演出结束时忘词！

牢记演出内容的好处

"朱迪，我不想把演出内容背下来，因为最好的脱口秀演员看起来都是灵机一动想起那些好笑的东西的。"

很久以前，我和包括罗宾·威廉姆斯在内的几位新人一起出演了HBO的一期脱口秀特别节目。在排练期间，威廉姆斯非常清楚他要讲什么内容，要在哪里讲，他对导演说："然后我会走进观众席，在这里讲我以莎士比亚为话题的那一系列段子。"当然，威廉姆斯也现场即兴创作了很多段子。但他的高超之处在于，让他事先计划好的那些段子看起来也是现场即兴创作的。①

首先要保证你记住的、排练过的演出内容听起来是现场创作且自然的，并为现场观众做出反应留下空间，然后你才可能成为一名真正的专业演员。

> 它（演出内容）永远不会是完美的，但完美这件事被高估了。完美是无聊的！说"对"，你以后会想通的。
> ——蒂娜·菲（Tina Fey）

记住你的演出内容可以让你的个性闪耀，并提供挑战现场创作的信心。你演出内容的某些部分需要非常紧凑和文字考究，就像你的每个铺垫一样。但是留出即兴创作的空间，甚至可以在呈现过程中给自己一个惊喜。你甚至会想要预留可以跟观众互相调侃的位置。

---

① 本段中的"特别节目"原文为special，目前通常是指演员的"专场"，但此处提到的HBO早期演出形式是多位演员的拼盘演出，故译为"特别节目"。

> 不要在镜子前练习你的演出内容。重大新闻：脱口秀俱乐部里没有镜子。在镜子前练习你的演出内容，唯一的结果就是让你更沉浸于自我意识。练习的时候最好想象观众就在你眼前，而不是看着你自己。我也建议你不要在没有观众的情况下给自己录像。如果你真的想体验台上的感觉，关掉所有的灯，架起一个手电筒照着你的眼睛。这就是在舞台上的感觉——而且如果你下次你遇上查酒驾，你也会更有准备。

"如果我可以只是对着文本读段子的话，我的压力会小得多。"

为了让人们笑，你必须与他们建立连接。情感连接永远不会发生在你低头看着稿子照着读的时候。永远不会。

逐字记住你的内容可能会让你在高中演讲中获得高分，但这并不是成为一位优秀脱口秀演员的关键标准。关键不是文字——而是你所谈论的内容背后的情感，将你的喜剧人格淋漓尽致地展现给观众。说到你的喜剧人格……

你的喜剧人格

"到底什么是喜剧人格？"

你的喜剧人格要求你在舞台上做最真实的自己。喜剧人格是你讲段子的独特方式。毕竟，所有脱口秀演员都在讲基本相同的话题：情感关系、生活观察、工作，等等。但是没有人会和你以相同的方式讲这些话题。别人不会有和你一样的视角、声音和举止。所有这些元素构成了你的喜剧人格。

我们至今还没有讨论过喜剧人格，因为它通常需要数年才能形成。喜剧人格会随时间自然而然地发展，比如当你在喜剧伙伴面前练习时（你的喜剧人格就在发展）。

回忆几位你最喜欢的脱口秀演员，你会立即认出他们的喜剧人格。莎拉·西尔弗曼（Sarah Silverman）又尖刻又聪明。克里斯·洛克精力充沛，毫不在乎地说出真相。艾米·舒默是可爱而纵欲的。但这并非他们最开始表演脱口秀时的样子。通向在舞台上完全展露真实的道路是一段漫长的旅程。你的喜剧人格将是你所谈论的内容和你谈论它的方式的结合体。

"如果我想在台上扮演一个角色呢？"

初学者常犯的最大错误之一就是作为一个角色上台。许多脱口秀演员都因为害怕在观众面前展示脆弱一面而伪装自己的形象。也可能他们会害怕显得无聊，所以设计出一个好笑的舞台角色。问题在于，这种努力违背了脱口秀吸引人的核心——段子的真实性和感同身受。你的角色就是你自己（或者会成为你自己）。

> 喜剧人格是超越你所谈论的话题的。例如，在我的整个职业生涯中，我讲过很多不同话题的段子，通常是基于我当时的生活阶段的。我20多岁刚开始表演的时候，我的段子大部分都关于我的俄裔美籍犹太人祖母、女权主义和约会。我开始时并不讲关于变老的段子，但是，你猜怎么着？我的观众和我一起变老了，所以关于变老的段子已经成为我目前演出内容的重要部分。在我的整个职业生涯中，无论我讲什么段子，始终如一的是我的个性和表演方式。我会说我目前的喜剧人格是一个不情愿的煽动者。

一些新手试图在写段子之前先确定自己的喜剧人格。他们想成为"特雷弗·诺亚型"或"蒂娜·菲型"。成为你自己这一型怎么样？毕竟，这个类型以前肯定没人做过。

你的话题——令你有激情的东西，真正藏在你骨子里的东西、你一直在思考的东西，以及你真实面对自己时谈论东西的方式——定义了你的喜剧人格。你想谈什么？你有什么一定要说出来的？

让你的喜剧人格自然地发展。许多知名脱口秀演员都认为观众对他们的看法创造了他们的喜剧人格。要有耐心。看看你会发展出什么。

> 一个脱口秀演员在舞台上谈论的任何东西，都是他们在台下现实生活中也会谈论的。
> ——莎拉·西尔弗曼

利用你职业生涯早期的时间探索你感兴趣的话题，并尝试不同的表演风格。当观众们与你的表演中真实而爆笑的氛围产生连接时，他们会识别出你的喜剧人格。不要把喜剧人格的重要性放在段子之上，而且最重要的是，在你拥有扎实的 30 分钟演出内容之前，不要担心自己会被打上标签。

对自己保持真实

当杰瑞·宋飞刚开始表演脱口秀时，他为了试自己的段子，愿意接受任何演出机会。一天晚上，宋飞是最后出场的演员，在他前面上场的演员不停地讲黄段子，每个话题都是你永远不会当着你奶奶的面讲的事。可怕的是，醉醺醺的观众喜欢这些玩意。然后宋飞带着他的生活观察走上舞台："家里那么多绒毛都是从哪儿冒出来的？"起初观众一片死寂，但宋飞并没有改变他的演出内容和表演风格。他继续讲他干净的段子，慢慢地但毫无疑问地，观众开始笑了，笑声越来越大。宋飞总是对自己保持真实，无论他要在谁后面上台。

为你的喜剧人格选择得体的衣着

在上一个练习中，你审视了你的一些性格属性，现在把它们和你上台时想要展现的形象结合起来。

很明显，你的衣着是你上台时人们会看到（并以之为标准评判你）的第一件东西。在你说第一个字之前，你的衣着会先告诉观众你是什么人。在丽塔·鲁德纳的第一次 HBO 专场中，她穿着超级可爱的小礼服，化着精致的妆容走上舞台，不用说话就让观众知道："我很可爱、聪明，我不说脏话。"这成了她的喜剧人格。

约翰·木兰尼（John Mulaney）通常穿西装打领带，就像在说："我是专业人士，穿得也很专业。"

与此不同，迈克尔·拉帕波特（Michael Rappaport）总是穿着帽衫，就像在说："我刚起床，我来这里就是想随便扯扯淡。"

詹尼安·吉劳法罗（Janeane Garofalo）穿着大多数女性去健身房时才会穿的衣服。颓废的外观加强了她在观众心中"老娘不在乎！"的喜剧人格。

波拉·庞德斯通穿西服打领带，只露出她脖子以上的肌肤，传达出的形象是"我正在做聪明的、振奋人心的喜剧。"

在决定你要穿什么之前，请先遵守以下的"不能穿什么"时尚指南：

不要穿带文字的衣服——特别是带段子的。如果你的衣服比你更好笑，那你就有大问题了。较大的品牌文字或商标图形也会分散观众注意力。你永远不知道某位观众对耐克有什么看法，那么为什么要冒险呢？

女演员，远离性感的服装。 用你的思想让观众喜欢上你。男演员则可以既性感又好笑而不会有副作用。

不要穿让你显得格格不入的东西。 如果你在一家地板上有吸管和花生壳之类食物残渣的俱乐部演出，不要穿着三件套的范思哲西装上台。至少别系领带，别穿马甲。你的服装正式程度应与俱乐部人群的整体着装风格相匹配。

没有人喜欢邋遢鬼，所以不要穿成那样。不要穿有污迹的、皱皱巴巴的衣服。就算你讲的段子脏，你看起来也不能脏。

女演员注意：脱口秀界的性别歧视

> 我怀疑演艺圈中对疯狂的定义就是，一个女人，即使已经没有人对她有兴趣了，她还是一直在说话。
>
> ——蒂娜·菲

从我第一次在电视脱口秀特别节目上出场到现在，我们已经在进步的道路上走了很远。当时主持人介绍我的话以今日标准看来非常不合适："下面的演出可不一样了，一个讲脱口秀的女孩。她身材超火辣！"我没开玩笑，当年就是这样。20年前，大多数脱口秀俱乐部的演员阵容中大部分都是男性。现在，脱口秀俱乐部的演员阵容中只有……大部分都是男性。对于年长的女性脱口秀演员来说，情况更加严峻。毕竟，你上一次在深夜电视节目上听到一个关于女性更年期的好段子是什么时候？……啊，从来没有？

> 脱口秀不是专属于男人的工作。它是一项专属于具有阿尔法人格的人的工作：（脱口秀演员渴望）成为房间里唯一有麦克风、被允许说话的人。
>
> ——凯瑟琳·瑞恩（Katherine Ryan）

这是几十年来一直在进行的斗争——我们女性追求获得应有的权力地位，并因我们的想法，而非身体，被认真对待。在我职业生涯的前十年里，我一直穿裤子。我记得当我第一次鼓起勇气，在脱口秀俱乐部的舞台上穿裙子的时候，我一走上台就有男的冲我吹口哨。但是，在我职业生涯的那个时间点上，我已经有了足够的自信心对付这种骚扰。我用语言打败了那个捣乱的人，让大家知道我才是掌握现场主导权的人。女性脱口秀演员需要承担不受欢迎的风险——她们有强烈的观点，会打消别人对她们的欲望，让观众欣赏她们的思想而非身体。这是白人男性脱口秀演员长久以来天生享有的自由。

> 这个话题的重要性远大于书中一章的结尾能够承载的分量，所以我目前正在写一本书，主题是女性脱口秀演员如何发掘自己的商业价值并获得和男性平等的收入。敬请期待。

下一个练习会让你了解你的喜剧人格可能会变成什么样子。

练习 31：探索你的喜剧人格

喜剧创作练习册 > 练习 > 练习 31：探索你的喜剧人格

让我们探索一下是什么让你独一无二，并学习如何扩展你与众不同的特征。

1. 在以下词语中选择两三个可以用来描述你的

- 爱操心的
- 乐观的
- 爱讽刺的
- 易怒的
- 害羞的
- 关心政治的
- 阴暗的
- 反叛的
- 尴尬的
- 迟钝的
- 啦啦队队长型的
- 害羞的
- 书呆子
- 失败者
- 闲散的
- 马屁精

- 脆弱的
- 好色的
- 赶时髦的
- 神经质的
- 科技极客
- 懒惰的
- 犹豫不决的
- 爱恶作剧的

> 我想我只是更喜欢看到事物的黑暗面。那个用来判断乐观者与悲观者的装了半杯水的玻璃杯对我来说总是半空的……而且还是破的。我被那个杯子割破了嘴唇。还硌坏了一颗牙。
>
> ——詹尼安·吉劳法罗

2. 利用上面你选择的两三个性格特征来写新段子

问问你自己,作为一个(插入你的性格特征)的人,有什么事是困难的/奇怪的/可怕的/愚蠢的?

在你的"练习31:探索你的喜剧人格"中针对这些性格特征写一些新段子。如果你没有任何灵感,尝试不同的性格特征和/或态度。如果有比较好的段子,将其移动到你喜剧创作练习册的相应部分。

3. 看看你的衣柜,什么样的服装能显示出你的喜剧人格

你已经准备好了由打磨过的段子组成的演出内容。我们来谈谈怎么把它表演出来吧!

脱口秀表演：基本专业技巧

麦克风技术："这玩意开了吗？"

脱口秀表演绝不应在没有麦克风的情况下进行。即使房间里只有两个人也一样。脱口秀能够正常演出的一个重要条件就是演员要比其他人声音更大。你可以有世界上最好笑的段子，但如果人们听不见你说话，那就等着彻底冷场吧。

当你上台时，首先要做的就是调整麦克风支架。但是，没有什么比调整麦克风支架又调不好看起来更外行了，所以要先练习这个！从加拿大到柬埔寨，世界上每个麦克风支架的调整机制都是一样的。①

现在跟我重复："顺时针拧紧，逆时针拧松。"

走上台，抓住支架，松开它（记住"逆时针拧松"），然后将麦克风高度调整到嘴下方一点的位置并拧紧支架（"顺时针拧紧"）。然后，将麦克风的角度稍微向你自己倾斜，使其直接位于你的嘴巴前面。

"我应该把麦克风拿出来还是把它留在支架上？"

如果你是一个新手脱口秀演员，把麦克风留在支架上。这样做的优点是：

- 可以把你留在舞台中心，防止你不必要的走动；
- 可以腾出双手，进行呈现；
- 你可以少担心一样东西（弄掉或不小心关掉麦克风）。

看着业余脱口秀演员在台上来来回回走动，就像看网球比赛一样——

---

① 国内俱乐部通常会使用更方便的单手调整式麦克风支架，只要按压手柄就可以调节高度。

令人眼花缭乱。许多脱口秀演员这样做，是因为他们认为这让他们看起来精力充沛。在实际舞台上，多余的走动会让你看起来紧张和心虚。

> **警告：**
>
> 尽量不要使用领夹式麦克风，那是一种夹在你衣服上靠近嘴边位置的麦克风。领夹式麦克风非常适合做讲座，以及有很多无实物表演和呈现的活动。但它们对脱口秀演员来说可能是灾难性的。为什么呢？在某些呈现中，你需要提高说话的音量，甚至大喊大叫。为了防止震到人们的耳朵，你必须在大喊大叫时离麦克风远一点，来控制音量的增幅。而使用领夹式麦克风时你做不到这一点。

你还需要手持麦克风供观众参与。如果演出到了应当向观众发问的时候，可以提出问题，然后将麦克风伸向观众的位置，让观众发言。一定要确保麦克风永远不会离开你的手！

最后，麦克风支架可以被用来呈现一个角色或用作演出道具。

使用麦克风

你家里没有麦克风和支架？尽早到达俱乐部参加排练。用实际要使用的设备排练会给你演出的信心，当你真正面对现场观众时，这也可以让你不用担心设备问题。

> **专业提示：**
>
> 典当行和旧货店里有很多麦克风支架，它们曾经属于对未来充满希望的音乐人。

如何使用麦克风：

（1）首先，确定你演出内容中讲哪些段子时要把麦克风放在支架上，讲哪些段子时（如果有这样的段子）要把麦克风拿下来。

（2）练习将麦克风从支架中拿出来。单手握住麦克风，把支架往后移，过程中不要把目光从观众身上移开。如果你的注意力焦点在麦克风上，你会失去观众的注意力。

（3）确定哪些段子需要双手自由才能呈现。练习在开始呈现前将麦克风顺利放回支架上。保持抬头看着观众，同时将麦克风放回支架上。

现在让我们开始与观众互动。

与观众互动

在你的表演中留出与观众互动说笑的空间，是与他们建立连接的好方法。在大多数情况下，观众希望并期待自己成为演出的一部分，所以你可以放心跟他们互动。这通常是一种很自然的过渡方式，可以引入一个话题并进入你预先计划的段子。但至关重要的是，要在让观众参与的同时保持你对演出进程的控制权。

与观众互动本身就是一种艺术，吉米·布罗根（Jimmie Brogan）、托德·巴里（Todd Barry）和迪恩·刘易斯（Dean Lewis）等一些伟大的演员已经证明了这一点。他们列出了与观众互动的一些注意事项，例如，以下是脱口秀演员迪恩·刘易斯关于互动的一些提示：

1. 从一群观众，到一张桌子，再到一个人

开始时观众可能不愿意自己直接说话。因此，可以先提出问题或发表言论，并让全体观众都可以做出反应。然后找到反应最热烈的小群体，最后找到这个群体中的一个人。这之所以有效，是因为它：

- 可以马上让所有观众参与进来。
- 让观众享受看着自己的朋友参与互动。
- 可以让多个人加入，这样出现好笑对话的机会更大。

例如，"这将是橄榄球历史上最棒的一年。哇，你们似乎都很有活力。先生，你今年支持哪支队伍？""某某队？我支持的队伍是另一支球队。"然后进入你准备好的橄榄球段子。

2. 提到当地特色

在上台之前，研究这场演出的观众有没有什么共同经历，例如：糟糕的交通、恶劣的天气、当地的或重大的新闻故事（不要用悲剧性的或政治

方面的)、最近流行的事、当地的传统等。将观众普遍体验过的事情融入你那天晚上的演出内容。

观众中是否有小团体,例如,一起参加单身派对、生日派对、旅游或公司活动的?小团体有时可能会大声喧哗惹人讨厌,所以一个聪明的方法是谈论不在小团体中的人。例如,"今晚这儿有一场姑娘们的婚前单身派对。"(她们大声叫喊回应。)"希望你们都玩得开心,让我们今晚给在座的真正的英雄们一些爱心——那些坐在她们旁边的人。"呈现出一个坐着的人,手臂交叉放在胸前,脸上带着不开心的表情,然后加上"单身派对……哎呀,姑娘们你们今晚尽情热闹吧!因为上帝知道,熬过开头那 20 年之后,婚姻生活会好得多。"

3. 与观众互动时使用赞同语句

即兴喜剧中有一个广为人知的技巧,所有的演员都不准说"不",只能说"是的,而且……"

与其否定某位观众的回应,不如先赞同,然后在它的基础上寻找好笑的东西。

- 以观众所说的话为基础。
- 切勿与观众进行任何争论。

用"是的,而且……"对付捣乱的人

有一次,一位观众冲我喊讨厌的女人(bitch)。而我说:"是的,这意味着,(每个字母伸出一个手指)我是一个 B-I-T-C-H。这意味着我是一个'完全独立自主的美女'(Babe In Total Control of Herself)!"这个回应得到了观众巨大的笑声,我后来把这句话印到了 T 恤上。

4. 始终使用开放式问题

避免问封闭式问题，对封闭式问题观众可以用是或否来回答。这会很无聊，而且不会拓展对话。提出那种需要填空式回答的问题，而且要问观众的个人感受、意见或想法。这种技巧会提供更多可供加工的素材，并提供更多的空间来切入你准备好的段子。

例如——

封闭式："你们俩结婚了吗？"

开放式："没有结婚戒指啊，你们俩为什么还不结婚呢？"

5. 始终保持礼貌和平易近人

如果你对观众的态度像个混蛋，那么没有人会想跟你说话。更糟糕的是，观众会站在被你侮辱的人那一边来反对你。没有什么比一群人讨厌你更能快速毁掉演出了。尊重他人，提出表扬而不是批评。

- 没有人喜欢混蛋。
- 观众与你互动时必须感到舒适。
- 礼貌会使演出气氛更轻松。

6. 让自己成为被取笑的目标

自嘲是不会失败的。用你的性格缺陷来讲一些自嘲的段子——当观众认同你的问题时，他们会笑得非常厉害。你应当在台上挑剔自己，而不是挑剔观众。

7. 以问题过渡，进入你的段子

为了使你的段子更自然，可以从一个问题开始。如果你要讲你的离婚段子，问一对看起来感情很好的夫妇，他们在一起多久了。你可以使用他们所说的内容作为进入你段子的铺垫。"是的，我曾经和你们一样拥有爱情。离婚太可怕了……我有经验。"然后讲关于你失败的婚姻的段子。

- 问观众问题可以制造一个简单的过渡。
- 问观众问题会使你的演出看起来更加自然。

8. 将你的认可给予好笑的观众

如果观众说的话引起了哄堂大笑,那就庆祝吧!他们正在干让全场笑起来的工作,而拿钱的人依然是你。让他们享受属于自己的时刻吧。

- 如果有人值得掌声,那就鼓励大家为他们鼓掌。
- 认可会让人们更兴奋和更有参与感。

9. 利用好演出开始前的时间

在上台前观察观众,看看他们在关注什么。你身后的幕布上有污渍吗?周围停车特别难吗?要与观众建立情感连接,将观察性花絮放到你的演出内容中会非常有效。

- 共同的经历与现场的每个人都息息相关。
- 对现场的观察会使人们认为你思维非常敏捷。

10. 通过评论前面的演员获得笑声(但不要落入俗套)

正如你可以评论你们所在城市、社区或场地带来的共同体验一样,你也可以评论在你前面上台的演员。我看了一个节目,脱口秀演员迈克尔·拉帕波特使用高能量的亢奋表演,讲自己身为犹太人的段子。马克·马龙(Marc Maron)在他后面上场,他慢慢把凳子拉过来,显得非常放松,说:"现在,演出中低能量的犹太部分来了。今晚你们看到了犹太人光谱的两端。"观众们大笑,因为每个人都知道这是真正现场即兴创作的产物。

- 评论前面的演员可以让现场观众保持热情。
- 永远要善良,特别是对脱口秀演员同伴。
- 如果其他演员在你前面冷场了,永远不要贬低他或她。

克服对即兴创作的恐惧的秘诀

没有人知道你是否失败了。观众不知道你试图现场创作好笑的内容，除非你告诉他们。如果你与观众互动时提了一个问题或说了一个观点，但它没有发展出好笑的东西，那就继续前进。除非你沉溺于失败的回忆中，否则这一刻会很快被遗忘。只有去跟观众互动，你才能提高自己与观众互动的能力。最重要的技能是学习如何在遇到失败后快速换个方向继续前进。

观众反应是可预测的。在几场演出之后，你肯定会从观众的反应中发现固定模式。每当我问一位丈夫维持婚姻的秘诀是什么，答案总是"我太太说什么我就听什么"或"我太太是我最好的朋友"。在公司举办的商务活动中，同事偷食物或用微波炉加热有强烈味道的东西是经常出现的话题。针对这些类型的可预测答案，预先准备回应效果会很好，因此请确保你有一些好笑的答案。类似于问答模式的传统段子，你实际上可以用观众的话作为铺垫，这样你就可以提供早有准备的回应。

制订计划。与其毫无方向感地随机提问，不如提出带有引导性的问题，引出你已经准备的机智回应。连续这样做的次数越多，你得到的笑声就越多。

完美不是目标。要接受自己没能给出完美的即兴互动的可能性。只是与观众交谈并让他们有参与感就已经是一个巨大的进步了。每走一小步，都要肯定自己，并牢记长期目标——适应在台上现场即兴创作。

如果做不到好笑，至少做个好人。如果你能与观众建立情感连接，你就完成了脱口秀演出中最困难的部分。有时候，只需要表现出你的友好和讨人喜欢，效果就会和表现得超级好笑一样出色。招人喜欢等于获得更多工作机会。

与观众建立连接的最大秘诀是成为一个积极的倾听者。放松、呼吸并倾听。你完全可以做到这一点。我们这就来准备在下次表演时为现场互动留出空间。

练习 32：与观众互动

喜剧创作练习册 > 段子顺序表

在研究了关于与观众互动的各种技巧之后，在你的段子顺序表中标记一个点，你将在下次演出在台上讲到这里时，与观众一起现场即兴创作内容。

首先，确定你想与之互动的观众是否愿意参与。观众会形成一种个性，有些观众，就像第一次约会的对象一样，不想参与其中。

在你现场即兴创作之后，要有足够好的段子可以用。

如果你仍然感到不适应，那就参加即兴表演课来练习"是的,而且……"技术，或者加入头马俱乐部，那是学习即兴表演的另一种好方法。

现在，让我们继续处理那些存在感过头的观众：捣乱者。

如何干掉捣乱者而不影响演出

"如果我碰上捣乱者怎么办?"

一项事实:大多数新手脱口秀演员都害怕捣乱者。他们想象中有一个醉酒的陌生人,就等着他们在台上最紧张的时候来羞辱他们。事实是这种情况很少发生。大多数观众即使只被问到一个简单的问题,都会因为太害羞而没法大声说话,更不用说对脱口秀演员大喊大叫进行羞辱了。在我很少的几次演出时台下有人捣乱的经历中,实际上我发现在讲段子中途休息一下,并开始与他们一起即兴表演也很有趣。当有人开始捣乱时,我对自己说:"来吧!让这家伙知道知道厉害。"

> 只有笨蛋才会来给我捣乱——我有很强的能力赢。
> ——刘易斯·布莱克

为什么你不应该害怕捣乱者:
- 你有麦克风,比他们大声。
- 他们喝醉了不够清醒,(希望)你没喝醉。
- 你(应该)拥有观众们的支持。

以下是处理捣乱者的三种方法:

(1)当场找到对他们言论的有力反击。

(2)预先准备好一些对付捣乱者的反击。

(3)把他们赶出去——但前提是他们已经扰乱了演出,惹恼了其他观众。

> 每个捣乱者都是独一无二的,因为他们说的东西不一样,你要当场对他们说的话或他们穿的衣服或旁边坐了什么人做出反应,所以每一个对捣乱者的还击都是独一无二的。
>
> ——塞巴斯蒂安·马尼斯科

当一个捣乱者的目的是彻底毁掉演出时,示意俱乐部经理把他们赶出去。场地方会明白,如果一个人毁了所有观众的观看体验,对他们的生意不是件好事。

对捣乱者的当场反击:游戏规则

脱口秀演员现场即兴反击捣乱者时,会进入兴奋状态。如果你想到一个恰到好处的机智反击——砰!——他们就被彻底打败了。没有什么比这种感觉更好。然而,如果你的反击太过分,观众可能会讨厌你。问问迈克尔·理查兹(Michael Richards)吧,他是《宋飞正传》中克莱默(Kramer)的扮演者,他在一次演出中跟捣乱者对骂,说了种族歧视的话,结果这成了影响极大的负面新闻。下面是脱口秀演员和培训师迪恩·刘易斯关于处理捣乱者的规则:

处理捣乱者规则第 1 条:你可以无视捣乱者

有时,捣乱可能会失控,如果脱口秀演员对捣乱者说的每一句话都做出反击,那可能会刺激到对方。你可以选择无视捣乱者。有时候捣乱者只是想引起注意,反击一次就足够了。

> 如果有一个胖子跟我捣乱，我会（用反击）把他撕成碎片，但我永远不会去用显而易见的事情反击，永远不会用取笑他胖之类的话还击。
>
> ——朱达·弗里德兰德（Judah Friedlander）

处理捣乱者规则第 2 条：反击的力度不要过头

例如，一个捣乱者评论你的头发，用关于他们的头发（或者他们脱发）的东西来反击。如果他们贬低你的衣服，而你的反击升级到骂娘，你可能会让他们闭嘴，但你的形象会变成一个恶霸。这会让你失去观众。

> 我喜欢捣乱者。他们提醒你，你是一个脱口秀演员。
>
> ——戴恩·库克（Dane Cook）

处理捣乱者规则第 3 条：区分捣乱者和只是开心兴奋过头的人

有些人会通过大笑和帮腔来回应你的段子。他们会说"说得好！"或"没错！"等。他们并不是恶意捣乱者。不要把他们拎出来抨击。喜欢这样说话的观众并没有意识到他们会影响你。如果你对此反应强烈，可能会发生两件事：

- 被你攻击的观众会觉得你让他们看起来很愚蠢；
- 其他观众可能会讨厌你。他们会觉得你是个混蛋，因为你对观众太挑剔了。

现场反击捣乱者的技巧

让捣乱者自掘坟墓。 像政客一样，捣乱者不需要太多帮助就会让自己看起来很愚蠢。试着简单地重复他们说的话，然后使用一种态度来评论它，并导向一个呈现。

通过与捣乱者的同伴交谈来使他们感到尴尬。 如果捣乱者与朋友或约会对象在一起，请他们让这混蛋闭嘴。捣乱者可能正试图给同伴留下深刻的印象，如果你让那个同伴感到不舒服，捣乱者很可能就会闭嘴。对那个女人说："你现在一定在考虑还要不要使用交友软件，是吧？"对那个男人说："先生，是时候给她吃药了。"

让观众站在你这边。 如果一个捣乱者一直挑战你，试着让观众帮你让他闭嘴。问他们是否被打扰到了。当他们用响亮的"是的！"或鼓掌回应时，捣乱者通常会非常尴尬而不再出声。

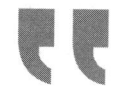

> 有一次我在拉斯维加斯的里维埃拉赌场（Riviera）演出，一个女人在我演出中途站起来说："我从来没有受过这样的侮辱！如果你不道歉，我再也不会来这里了！"我回答说："首先，我不会道歉。其次，我听说哈拉斯赌场（Harrah's）也不错。"
> ——迈克尔·保罗（Michael Paul）

应当以问题的形式表达反击。 其原因有二：

（1）问一个问题会让捣乱者停下来想答案。这打乱了他或她的节奏，停顿让你有机会想到另一个反击。取笑他或她的回答有多慢，或者以一种好笑的方式回答捣乱者的问题。换句话说，收回对局势的控制权。

（2）将你的反击设计成一个"回答是或否都不对"的问题，因为这样捣乱者就无法胜利。无论怎么回应，他们的话听起来都很愚蠢。例如："先生，知道你妈同时也是你妹，你会感到困扰吗？"无论捣乱者给出什么回应，听起来都很愚蠢。捣乱者会发现这是个无法获胜的局面，很可能就不会回答了。

放慢节奏，折磨捣乱者。当一个捣乱者打断节目时，你不必马上做出妙语回应。询问捣乱者的动机可以是一个很好的对策。例如，如果有人一直朝你喊"死胖子！"打断了演出，那么放慢节奏，开始质疑捣乱者的动机。你可以问他或她："我觉得你似乎对胖子很有敌意啊。你是小时候胖后来减肥了吗？还是你上小学的时候被胖孩子把饭盒撞翻了？"这种方式可以完全消灭捣乱者在观众面前的可信度。

不要鼓励观众捣乱。如果你面对的观众群体很吵闹，不要鼓励他们插话捣乱。但是你可以通过提出简单的、可以用是或否回答的问题，来让他们参与你段子的铺垫过程。这是一种有趣的方式，可以让观众参与到你的表演中来，而不会鼓励他们大声喊出自己的想法。

例如，"有人看超级碗比赛吗？"会引出一个简单的答案"有！"然后发言权就会回到你身上。

如果你太害怕遇到捣乱者，那就预先准备好你的反击。

预先准备的反击捣乱者段子

许多新手脱口秀演员缺乏即兴给出反击的信心。因此，预先准备好一些"罐头反击"会很方便。它可能会有点笨拙，但可以用来完成反击的任务，直到你有足够的自信即兴反击。

不要使用那些陈词滥调型的贬低语，比如"看看胎儿时大脑缺氧的后果"，或者"你就像一份墨西哥玉米饼套餐缺了两个玉米饼"（美国俗语，意为你真是疯了）。不用说你也该知道，在抨击捣乱者时，不要使用基于种族、民族、性取向或任何其他群体歧视的贬低语句。男性脱口秀演员要注意，不要用针对女性的刻板印象抨击一个女性捣乱者，即使她完全喝醉了，头脑蠢如石头，面部毛发比你胡子还多。歧视女性只会让你，而不是她，看起来很糟糕。捣乱者可能显得很刻薄，但你需要显得聪明。

> 永远不要偷其他脱口秀演员的段子，无论你是在这本书中、在互联网上还是在演出时发现这些段子的。关于某个演员偷别人段子的消息很快就会传开。在当下即兴创作你的反击。

对捣乱者的优秀反击的例子：

亚瑟·史密斯（Arthur Smith）："想把你的大脑捐献给科学是可以的，但你不应该等到你死后再捐吗？"

拉塞尔·凯恩（Russell Kane）："你为什么不走到角落里，完成进化过程呢？"

贾斯珀·卡洛特（Jasper Carrott）："坐回你的椅子上吧，我会给它插上电源。"

艾米·舒默："你说什么？你想知道我的靴子是在哪儿买的？那家鞋店名叫'你买不起，别再说话了'！"

比利·康诺利（Billy Connolly）："你妈从来没有告诉过你，不要在脑子空空的时候喝酒吗？"

博·伯纳姆（Bo Burnham）（呈现捣乱者的想法）："你知道我今晚要做什么吗？我要去嘲笑一个18岁的孩子，他正在追逐他的狗屁梦想。"

弗兰克·斯金纳（Frank Skinner）（对一个说"我在医学院遇见过你"的捣乱者说）："啊，对。你就是玻璃罐子里的那个人。"

现在和你的喜剧伙伴一起做一个准备反击捣乱者的练习。

练习 33：准备反击捣乱者

喜剧创作练习册 > 练习 > 练习 33：准备反击捣乱者

喜剧伙伴合作练习

练习讲你的演出内容，而你的喜剧伙伴负责给你捣乱。与其设计内容固定的"罐头"反击，不如按照以下方式与你的喜剧伙伴／捣乱者进行对话：

（1）重复捣乱者的话——这样所有观众都能听到捣乱者说了什么。

（2）问捣乱者一个问题——这会给你一点时间思考如何反击。

（3）给出好笑的反击。

看看你能否想出五个原创的反击。有比较好的吗？把它们添加到你的喜剧创作练习册中。

最后一项表演技巧：精确计时

在脱口秀的舞台上精确计时这件事，我没法用一本书来教会你。甚至尝试这么做都是愚蠢的。精确计时是你在有了大量上台经验后自然获得的技能。本节我们转为讨论如何留出更多时间来让观众笑。

> **药物、酒精与脱口秀**
>
> 众所周知，在药物或酒精影响下演出，会扰乱脱口秀演员对时间的掌握和与观众建立情感连接的能力。我见过有位脱口秀演员太迷糊了以至于给观众讲了两遍相同的段子。好吧，这就是我干的。有些脱口秀演员在写段子时确实会嗑药，但我同意莉莉·汤姆林的说法："改变思维的最好刺激物是真相。"[①]

现在你已经准备好上台表演了（哦，没错，你准备好了！），知道什么时候该给观众的笑声留时间是至关重要的。这意味着在讲完一个段子后，你要耐心等候！

有些演员说他们害怕脱口秀，是因为他们不想独自一人在舞台上。事实是，在讲脱口秀时，你永远不是独自一人。

脱口秀本质上是一种对话。演员说话，观众做出反应。但是，如果脱口秀演员践踏这种反应，也就是说如果演员不给观众留出笑的时间，观众不仅会错过下一个段子的开头，也会变得对演出不投入。

所以，铺垫你的段子，讲出你的笑点，然后等待！这是你收到观众反馈的时刻。这也是你做结尾标签（重复你的态度）的地方，只需要点头并问：

---

① 在中国，非医疗用途服用违禁精神类药物是违法行为。

"是的，这很奇怪，对吧？"

你必须在看着观众的同时把那一刻所有的笑声挤出来。如果你低头查看你的段子顺序表，就会立即与观众断开连接。接受笑声，接受嘘声，有时甚至要接受观众没有任何反应。来自观众的反馈可能并不是你想要或期望的那种，但你必须适应当前的现实。要自然地应对你和现场观众之间建立的关系，这是唯一的方法。

一个段子可能不会得到你所期望的那么多笑声，但你在那之后的应对可能会创造魔法。

> 在观众面前测试新段子的时候，我用单调的声音非常安静地说话，几乎没有加入任何呈现，看看段子是否站得住脚。如果尽管我的表演很沉闷，但观众还是笑了，那么我就知道这个段子真的很好。
> ——《亲爱的女孩》(Dear Girls)，黄阿丽著

计时与声音变化

让观众笑出来（即使你的段子没那么好笑）的技巧提示：

通过大声说出笑点（特别是在呈现时），你很可能会让观众笑出来。声音的转变本身就很有趣。这意味着：

用较慢的语速讲铺垫——用快语速讲笑点；

用柔和的声音讲铺垫——大声讲笑点；

用微妙的语气讲铺垫——用夸张的语气讲笑点；

音量更大时你会显得更自信。

第 3 章　脱口秀结构：16 个提示让你写得更专业

> 我曾受雇为电视制片人、我的前学生罗伯·洛特斯坦（Rob Lotterstein）负责的一部迪士尼电视情景喜剧做"加梗"工作。"加梗"是指一群编剧围坐在桌子旁，想方设法让剧本更好笑。要和经验丰富的喜剧编剧合作，我感到很紧张，但一位朋友提供了好建议："即使你心里对你想要加进去的段子并没有信心，也要大声说出来。即使它很糟糕，至少你看起来很自信。"

为你的演出计时

说起你在台上表演的时间，预先确定的演出时长至关重要。如果俱乐部给你 5 分钟上台时间，但那天你的段子效果不错，你讲了 10 分钟，那个俱乐部可能不会再给你机会了。这是因为你影响了当晚其他脱口秀演员的演出时间。按约定的时长表演！

大多数俱乐部在时间剩 1 分钟时，都会亮红灯提醒台上的演员（这可能因俱乐部而异）。即使你在家里预先确定好了时长，因为与观众互动和观众笑声的时长不同，你的演出时长也会跟着改变。所以，要知道你的最后一个段子有多长，并确保你可以从你段子顺序表上的任何位置自然切换到你的最后一个段子。

不要用"我的时间到了！"作为你演出的最后一句话！这话如果用你临死前的最后一口气来说，会是一个很好的段子，但用于脱口秀表演结尾，它是陈词滥调大俗套。始终确保观众知道你的表演结束了。正如我们所知，用回收笑点结尾总会有好效果，最后加一句简单的"谢谢大家！"就好。

如果你在脱口秀俱乐部表演时严重超时，就算你特别好笑，你也可能不会受俱乐部欢迎。所以我们来做一次最后的排练，让你可以确定自己的演出时长。

练习 34：精确计时

喜剧伙伴合作练习

练习计时。要明白你排练确定的计时结果在实际的俱乐部环境中，会因与观众互动和观众笑声的时长不同而大不相同。排练从你演出内容的不同位置过渡到你的最后一个段子。

现在去上台表演吧！你已经准备好了。

演出完成后，我们来检查你的演出效果，并找到需要改进的地方。别忘了给自己录音！

检查和修改你的演出内容

作为一个表演者，最难的工作环节之一就是听你自己的演出录音。很多脱口秀演员听他们自己的演出录音时很难受。但是在长期训练之后，这项工作将成为你的第二天性。

有一次脱口秀明星（也是我的前学生）马兹·乔布拉尼（Marz Jobrani）在洛杉矶"喜剧商店"俱乐部演出，他表演结束后我去后台跟他打招呼。他几分钟前才刚刚走下舞台，这时已经在听自己的录音并做笔记了。他告诉我，几小时后他还有一场演出，他正在改段子，准备在一个月内做一个新的 1 小时专场。

经验丰富的专业人士会知道所有的段子都可以更好，铺垫更短，呈现时间更长，并添加混合。第一步是听你自己的演出录音，看看你现在做得怎么样。

让我们回顾一下你演出内容的录音，并使用 LPM（laughs per minute，每分钟笑声次数）公式，以数学方式确定你现在水平如何。

练习 35：计算笑声次数

喜剧创作练习册 > 段子顺序表

由于很难客观地判断你的演出效果如何，这里有一个经过验证的方法来回答"我演得怎么样？"这个难题。

把你的段子顺序表放在面前，听自己的演出录音。用从 0 到 5 的点数在每个段子旁边记下观众对各个笑点的反应，标准如下：

5 = 大笑声，很多观众鼓掌（炸场）

4 = 大笑声，少部分观众鼓掌

3 = 较大笑声，没有掌声

2 = 部分观众笑了

1 = 少数观众发出轻微笑声

0 = 没有笑声

将总数相加，然后除以你的上台时间。结果就是你的 LPM（每分钟笑声次数）得分。

（1）你获得的笑声点数，总数为：_____

（2）你的演出时长（分钟）：_____

（3）用第 1 行的数字除以第 2 行的数字，你的 LPM 得分结果是：_____

如果你的得分结果是——

12～20 分：鞠躬致谢吧，你是个明星，坚持做下去，你很快就能赚大钱。

9～12 分：干得不错。你已经准备好参加商演了，但你可能要考虑如何让铺垫更精简。

6～9 分：还可以吧。继续和你的喜剧伙伴一起练习，以提高下次的得分。

低于 6 分：你确定你的段子符合脱口秀结构吗？你的主题是否真实？你演出的时候是不是喝高了？你可能得删掉一些烂段子，还凑合的那些也得修改重写。

练习 36：修改演出内容

喜剧创作练习册 > 我的演出内容：成品段子块

通过回答以下问题，检查那些点数小于 3 的段子，并在"我的演出内容：

成品段子块"部分修改重写这些段子。

1. 是否存在逻辑问题？

我们都曾经在听完一个段子后心想："没听懂。"困惑不会带来欢乐，要确保观众能听懂你在说什么。对于没有得到笑声的段子，逐字检查你的铺垫，确保没有含糊不清、引发歧义、顺序错误、难以理解等语病，也不要包含观众会觉得太晦涩冷僻的典故。

2. 你的铺垫写到位了吗？

有时我们对某个话题充满热情，但这个段子却没什么效果。如果你喜欢这个话题，不要扔掉一个目前没有得到笑声的段子。尝试用不同的方式给它做铺垫，比如换个不同的态度或更清晰的前提。更重要的是，首先确保你的段子没有缺少前提。如果确定有前提，下次尝试以更多的态度来讲这个段子。

3. 这个段子有呈现吗？有反转吗？

如果你忘了给段子加笑点，观众肯定不会笑。专注检查脱口秀结构中人们应该笑的地方，并在那里添加呈现或反转。

4. 你的反转/前提是否太容易想到？

当人们听到意料之外的东西时，他们会笑。你有没有用呈现或反转加入意料之外的发展？如果没有，尝试给段子换个方向，或者改写铺垫，使后面笑点的发展方向不那么明显。

5. 观众能听清楚你的段子吗？

如果观众听不清楚，需要问旁边的朋友"演员刚说了什么？"他们就不会笑了。这是一个很容易解决的问题。大声说清楚！

6. 你的段子缺乏真实性吗？

你写出了很棒的段子——但是为别人写出来的。这意味着你讲自己的段子时感觉不自在。一定要写那种说出你生活的真相和你对话题真实感受的段子。

7. 你的铺垫更像一个故事，而不是前提吗？

故事能获得的 LPM 分数不会像脱口秀的段子那么高。如果你可以在一个长故事的结尾得到笑声，那你也可以通过将这个故事分解成符合脱口秀结构的若干个小片段来获得更多的笑声。如果你的段子里有很多"然后……"，那你就是在讲故事。

8. 在整个段子中，你的态度是否很明确？

重新表达你段子的态度：困难、奇怪、可怕或愚蠢。讲段子时始终投入情感表达你的态度，可以让你和观众都把精力投注在段子上。

9. 你打断笑声了吗？

如果你不给观众留出笑的时间，他们就会停止笑。脱口秀不是独白，而是你说话，观众做反应的特殊对话。（要学习如何"挤出所有笑声"，请参阅"用结尾标签和过渡在两个段子之间获得笑声"那一节）

10. 你是不是状态不好？

我们都有过糟糕的夜晚，无论如何就是找不到状态。我们失去了与观众的连接，分心了，或者由于某种原因就是找不到现场感。有时我们讲同样的段子次数太多厌烦了，讲的时候已经不再去想象段子中的情境了。如果我们没有投入到我们的段子中，观众也不会投入。解决方案：写新段子。

11. 这是你第二次讲同样的段子吗？

第一次讲段子时会发生一些神奇的事情。因为你还不确定笑声会在哪句话出现，所以每一次笑声都是一个惊喜。因为你是第一次表演这些段子，所以你很可能在表演和情感方面都格外投入。第二次讲段子时，你可能会缺少这种现场感，而是在期待笑声。当新手脱口秀演员开始寻求笑声，而忽视了努力向观众传达真情实感时，这种微妙的转变是致命的。想象一下你讲段子的方式。

12. 是否段子没问题，但场合有问题？

最后……如果关于你花样百出的夜生活的段子没有得到笑声，原因可能是因为有一半的观众来自保守的教堂唱诗班。也许你不需要改段子，只需要改演出的地点。所以，在扔掉任何东西之前，用不同的观众试段子总是个好主意。

因此，请改写你的段子，并与新的观众一起再次尝试。不要因为一个段子一次效果不好就放弃。修改段子、上台试验，如是反复。

如果你冷场了，你会需要下一节的内容。

冷场怎么办

"有什么办法可以防止冷场吗?我感觉好像自己的整个表演过程都完蛋了。"

有时候你就是会冷场。即使演员有多年的表演经验也可能冷场,新段子总是有失败的风险,而老段子会变老过时。这就是脱口秀演员的难题。

> 你做一件事的次数越多,你就越能妥善处理很多时候你做这件事仍然会失败这一事实。
>
> ——约翰·木兰尼

你能理解下面这种感受吗?

我感到汗水从每一个毛孔流出来。我看到一个接一个观众的眼神变得暗淡,他们双手交叉在胸前,跷起了二郎腿。是他们开始想上厕所了,还是我表演的问题?可能是我。我的音量越来越大,我的音调越来越高,我的语速越来越快,我感觉自己就像泰坦尼克号上的拍卖师。我选中第一排的一对夫妇,和他们交谈。没起作用。观众离我越来越远,我绝望地试图抓住他们的注意力,但始终抓不住,每一次都铩羽而归。当我下台时,主持人没有看我的眼睛。我们都知道这是一次火车失事般惨烈的失败演出。感觉就像是有人死了,但找不到尸体。

冷场通常是脱口秀演员与观众脱离情感连接的结果。这感觉很可怕——对每个人来说都很可怕。

我们都知道为什么糟糕的脱口秀演员会冷场,但为什么好的脱口秀演员有时也会冷场呢?原因很简单:冷场是脱口秀演员精益求精过程的重要组成部分。如果你一直没有冷场,那就意味着你一直没有试新段子。观看杰瑞·宋飞在纪录片《我最后一次告诉你》(*I'm Telling You for the Last Time*)中尝试新段子并冷场的经历,它会告诉你,每一个脱口秀演员都会冷场,这会给你希望。如果你不冒险,你就不会进步。而只要你冒险,你总会在某些时候冷场。

这里有一些关于尽量减少冷场的提示,使用新段子时也能用上。

冷场预防措施 1:掌控场地布置

在传统的脱口秀俱乐部表演时,演出场地的布置是你不必担心的。俱乐部初期设计的目标就是为脱口秀演员准备最容易让观众笑的环境:

- 用明亮的聚光灯照亮脱口秀演员,集中观众的注意力;
- 较低的天花板,让观众的笑声在整个房间回荡;
- 前排座位靠近演员,促进建立连接。

然而,脱口秀演员经常被邀请在不太适合脱口秀表演的场地表演。这些场地包括多功能厅或会议厅、高尔夫球场里的会所、酒店会议室,甚至旋转舞台。冷场警告。

> **无可避免的转圈失败**
>
> 某些人曾经有过一个"聪明绝伦"的想法,即那种观众一边吃东西一边看歌舞演出的"晚餐剧院"中间的旋转舞台是个表演脱口秀的好地方。我是他们天才想法的受益人。这种场地布置意味着要给一部分观众讲段子的铺垫部分,然后把笑点讲给场地另一边的另一群观众。几乎每个人都在不停地问别人"她说了什么?"不出意料,那天晚上我冷场了。

与观众建立连接至关重要。没有与观众的眼神交流,就不会有笑声。如果场地缺乏显眼的舞台,声音嘈杂,或者有间歇性的视觉干扰,就不可能建立和保持连接。在演出开始之前，你要发现并尝试改善对演出有影响的场地布置。

有一次，我被安排参加一个商务活动，他们想让我在凯悦酒店的大堂里表演。在测试音响的时候，我看到场地里没有椅子。他们想让我站在做玛格丽塔鸡尾酒的搅拌机旁边的地板上演我的"小节目"，而观众们会在我周围醉醺醺地徘徊。我告诉演出经纪人："这可不行。"

她回答说："嗯，去年的表演在这儿就挺行的。"

"哦？去年是谁来表演的？"

"一支墨西哥街头乐队。"[1]

我没有解释为什么椅子和舞台是脱口秀所必需的，我只是自己掌握了场地布置的权力。我打电话给酒店经理，要求准备 50 把椅子。我帮忙摆好了椅子，并自己花钱租了一个 4 英尺[2]乘 8 英尺的小舞台。是的，我的一些段子被玛格丽塔搅拌机的噪声淹没了（我在演出内容中还用这件事做了个混合），但我避免了原本不可避免的完全冷场。

这个故事给我们什么启示？你一定要掌握自己演出的主动权，并竭尽所能让演出成功，特别是当别人给你的场地完全不适合脱口秀表演时。

始终积极主动地去做以下事情：

- 首先检查一下音响效果（如果是在脱口秀俱乐部，通常没有必要）；
- 确保你的观众能看到你；
- 确保你的观众离舞台足够近；
- 确保灯光将指向你表演的位置（我是真的用上了一架梯子和一把扫帚，才把舞台灯光的方向从照亮花卉装饰转向了照亮我）；

---

[1] 墨西哥街头乐队（Mariachi）通常由至少四人组成，常用乐器包括吉他、小号、小提琴等，乐队成员身穿华丽的墨西哥服饰，戴宽边帽。

[2] 1英尺≈0.3米。

- 确保场地后方也能听清楚你的声音。

我的演出合同规定，观众必须坐在离舞台 3 英尺以内的地方。我使用过太多的演出场地，有时演员所在的舞台与观众之间隔了一个巨大的舞池——或者用脱口秀演员的叫法，"笑声死亡谷"。

掌控场地，给你的段子一个机会。

然而，有时问题不在于场地，而在于场地里的人。

冷场预防措施 2：根据观众选择相应的段子

你肯定听说过："你不能一直取悦所有人。"脱口秀也是如此：你不能每次都让所有人笑。当然，当你已经获得忠实观众基础后，你自然会吸引来喜欢你的观众。但是，如果你才开始做脱口秀，没什么名气，又遇到了一群与你的段子并不适配的观众，你该怎么做？

以下是一些段子没问题，但不适合观众的例子：

年龄。那些关于更年期的段子面对大学生观众没什么效果。

政治。政治进步的段子如果表演给保守派居多的观众就会冷场。而那些抨击性少数群体的段子是行不通的……无论在哪儿都不行。

宗教。哎呀！在阿肯色州（美国南部州，美国基督教保守派大本营"圣经带"的一部分，70% 居民为新教徒）讲犹太段子，你会陷入寂静的死海。

性别。你抨击男性的段子可能会让你在一家摩托车骑手酒吧被抨击。

文明用语。带脏话的段子将在浸信会教堂的脱口秀之夜冷场。

与性相关的段子。这在孩子的生日聚会上不会获得大笑。

"那么，如果观众的喜好跟我的段子内容不匹配，我该怎么办呢？"

很简单——准备更多段子，以便根据观众灵活调整你要讲哪些段子。随着你写出更多的段子，你将建立一个段子数据库，可以为特定的观众检索适合的段子。大多数脱口秀演员都备有为大学观众、女观众、要求段子完全干净的教堂观众，以及深夜醉酒想听大尺度内容的观众准备的不同段子内容。继续为不同的观众群体创建和更新不同的段子顺序表吧。

在你上台之前，对观众做一些侦察，比如：

- 研究俱乐部的社交媒体，以判断这里通常的观众构成；
- 提前询问俱乐部经理，或者至少在你到达时问一下，观众中是否有任何人数较多的群体，以及俱乐部是否吸引了某种特定类型的客人；
- 查看这个俱乐部的网上评论，了解人们喜欢哪个演员，不喜欢哪个演员，以及这种喜好产生的原因；
- 问问那些在那里演过的脱口秀演员。

冷场预防措施 3：处理你在演出顺序中的排位

即使你是"脱口秀救世主"，如果你面对的观众已经厌倦了这个漫长的夜晚，进入了完全不同的心态，或者更想要去其他地方，脱口秀演出也会变得很艰难。

在演出顺序中排位较差的解决方案是要有耐心。通过同理心和幽默的反应来描绘当前的现实环境。如果观众累了，就跟他们聊聊疲劳的感觉，因为这就是真实的现状，然后用一些高能量的幽默来唤醒他们。如果你觉得他们的注意力都被环境中令人不适的东西（比如糟糕的空调）分散了，那就把这件让人分心的东西加到你的演出内容中。简而言之，用问题本身来解决问题。

冷场预防措施 4：心要在现场

怎么说都不为过的重点：身在现场，心也要在现场。

一个从未表演过脱口秀的人第一次走上舞台，让观众哄堂大笑，这种感觉很神奇。然而，很多时候，同一个人第二次上台就会冷场。因为这里有一个陷阱，叫"被时间卡住"。

我的一些明星学生第二次上台时，希望能够从观众那里得到与他们第一次上台时完全相同的反应。当他们没有像上次一样在同一个地方获得笑声时，他们的节奏就完全乱了。发生这种情况是因为他们的注意力没有在现场观众身上。当你嘴上说出一些内容，但心里想的却只是期望得到某种反应时，你与观众的情感连接会受影响。

表演脱口秀最重要的技能之一，就是让每个观众都觉得你是第一次讲这些段子。要建立这种连接，每一次讲段子的时候都要在脑海中想象你所说内容的画面。这种微妙的转变可能就是获得观众的笑声而非茫然凝视的关键点。

> 我必须想象我的段子，活出我的段子，感受观众，因为每个观众都是不同的。这就像每天晚上都有一个不同的舞伴。
>
> ——丽塔·鲁德纳

冷场预防措施 5：适应场地风格

不管你喜不喜欢，人们在决定去某家俱乐部看一晚上脱口秀时，期待的都是脱口秀这种特定形式的演出。有鉴于此，你在脱口秀俱乐部很可能会因为讲故事、朗读打油诗或表演清唱而冷场。此外，在你之前上台的演员们会确立本场演出的整体节奏。如果你做了一些完全不在观众期望中的事，你就无法得到你想要的反应。我并不是说你不应该冒险尝试新东西，只是要知道，只有当你的演出适合场地的整体风格时，你才会有更好的机会。

如何避免灾难性冷场

"那么，下次我上台冷场时，我该怎么办？"

以下是一些关于尽快恢复演出效果，以避免灾难性冷场的提示。

用你的身体语言来获得笑声

当表演进展不顺利时，很多没有经验的脱口秀演员会开始踱步。

虽然身体是与观众建立连接的有力方式，但踱步并不是正确使用身体语言的方式。坚持这个规则：在铺垫过程中保持静止，然后在呈现角色时才移动你的身体。这样，如果观众对你的段子不太感兴趣，你就会进入呈现并通过身体语言的突破获得他们的注意力。

你还可以使用手势来协调观众，让他们笑出来。当你讲笑点时，大声讲出来，停一拍，向观众有力地伸出你的手，同时点头并坚持表现态度。就好像你在说："这难道不是很困难／奇怪／可怕／愚蠢吗？"我的工作坊有这样一个环节，学生们不能讲段子而只能说无意义的胡言乱语，仍然要让人们笑出来。只要记住在讲笑点时保持抬头看观众。如果你往下看，你会切断笑声。

> 我第一次参加《周六夜现场》的演出时，写了一段关于比尔·克林顿（Bill Clinton）的素描喜剧，在我们读稿的过程中，它没有得到任何笑声。这种尴尬的重负压住了我，我觉得我后背一直在流汗。但我意识到："好吧，发生了那么难堪的事我都活下来了。"你必须经历失败，才能明白你可以克服这一切。
>
> ——蒂娜·菲

使用你的救场段子

"但是，如果我没有得到任何笑声呢？"

没有得到笑声是使用结尾标签的另一个机会。评论"观众对你所说的内容没有感同身受"这一事实，然后从当下的真相中再找出一个让观众笑的机会:"当我想象观众是一群条件优越的千禧一代时,这个段子在我的脑海中效果比现在好得多!"就像你之前写过忘记了段子时要用到的救场段子一样,准备一些救场段子,在你本来觉得会很好的段子没有得到观众笑声时使用。脱口秀新手通常提前写下并记住这些救场词,而更有经验的脱口秀演员喜欢在当下即兴创作它们。还有一些专业演员在段子没有效果时对此不发表评论,他们只是接受他们冷场的事实,稍后弄清楚问题在哪里,然后修改相应的段子。

> 演出效果不好?回家写段子。演出效果很棒?回家写段子。要想抵消你在娱乐行业里的无助感,没有什么比投注精力去创作更好了——这是娱乐行业里少数几件你完全可控的事情之一。
> ——加里·古尔曼

在你的救场段子中,承认你正在冷场,并给出一句好笑的救场台词,例如:"我早该知道今天会冷场,今天读到我的星座运势时,它说:'不宜出家门。'"

来自专业脱口秀演员的更多例子——

> 我这么说吧:这是那种你一辈子只有一次的重要机会……而我搞砸了!
> ——朱达·罗森斯坦

脱口秀演员蒂姆·威尔逊(Tim Wilson)冷场时曾说:"好吧,我今晚刚刚把那个笑话给了你们,我想我稍后会把它送给垃圾桶。"

> 演出接下来的这个环节我会邀请观众上台……来抢救我……有急救人员吗?
>
> ——西比尔·阿德尔曼·塞奇(Sybil Adelman Sage)

> 我有很多份工作。有些晚上我做喜剧演出。虽然很明显,不是今晚。
>
> ——迈克尔·保罗

史蒂夫·马丁(Steve Martin)的部分喜剧人格是他坚定不移地相信自己非常有才华。如果观众对一个段子没反应,他会表现得好像这个段子很精彩,观众们只是不够聪明因而没有理解这个段子。这个办法成功了。

你正在冷场,承认还是无视这一点

我永远不会忘记有一场演出我冷场冷得太严重了,以至于有观众把椅子转过来背对着舞台。我从一个段子讲到另一个段子,什么反应都没有。我又讲了个段子:"大家都知道,有的时候你就是整个人都不对劲,什么都干不好……"我没有进入我熟练的常规段子内容,而是说:"就像我现在一样。"这句话对真相的揭露表现出了我的强大和诚恳,我在台上泪流满面。每个人都停止了说话,我在抽泣之间吐出了真相:"我不知道今晚怎么了。我非常努力……"人们转过椅子面对舞台。"我以为你们会笑……但是没有!"人们开始笑了。有人递给我餐巾纸,让我擦眼泪。"也许我的祖母是对的,我应该去当个银行出纳员。"更多的笑声,从此时开始,我说的一切都有效果了。我谢幕时,观众起立鼓掌。就在那时,我意识到要与观众建立连接,意味着首先要与自己的情感建立连接,承认当下的真相。

现在,我们来写一些冷场时的救场段子。

练习 37：救场段子

喜剧创作练习册 > 练习 > 练习 37：救场段子

在练习 6 中，我要求你写一些可以在你忘词时用来救场的段子。而现在我们将创建一个名为"救场段子"的文档，并编写至少 5 个可以在你冷场时用来救场的段子：

1. _____
2. _____
3. _____
4. _____
5. _____

查看所有冷场建议，并选择你下次冷场时要讲的段子：

1. _____
2. _____
3. _____
4. _____
5. _____

> 恭喜——你已经有了足够的段子来组织几套时长较短的演出内容。要真正确定你的段子是否有效果，唯一的方法就是在现场观众面前表演。给自己录音，检查，修改，如是反复。

想通过表演脱口秀获得丰厚报酬吗？你需要很多段子。我们来开发你的 60 分钟演出内容。

第 4 章
另外 8 个提示：
创作 1 小时商演内容

你写得越多，你打磨好的段子就越多，这将增加你参加商演的机会。毕竟，如果你能维持 1 小时笑声不断，你就会成为一个出名的脱口秀演员，并有机会获得专场、巡演和狂热粉丝。本节包含 8 个练习，以帮助你写出新段子，内容包括：

- 自嘲式开场
- 对半混搭
- 对比段子
- 对话段子
- 时事段子
- 加入名人模仿秀
- 观察式段子
- 在台上即兴创作

花时间尝试这些练习，你的"我的演出内容：成品段子块"部分将会扩展，希望它能扩展到你需要更大容量的硬盘的程度！

1 小时的脱口秀表演大约需要 6500 个单词。让我们忙碌起来，从你的开场段子的新方向开始研究。①

---

① 关于中文脱口秀不同演出时长所需的字数，您可以通过自己表演打磨好的成品段子时的平均语速计算出来。

从自己身上找笑点：自嘲式开场

在你演出内容中的最佳位置：开场段子处

一种效果很好的开场方式是取笑观众正在看的东西：你自己。你有觉悟嘲笑自己的弱点，这不仅能建立你与观众的情感连接，还会让观众觉得你讨人喜欢。

> 大声笑，经常笑，最重要的是，笑你自己。
> ——切尔西·汉德勒（Chelsea Handler）

> 我是个胖子。太棒了！这事也有好的一面——我冬暖夏凉。
> ——道格拉斯·洛尔（Douglas Lower）

> （是的，我是个胖子）我和绿巨人变身的过程正好相反。我先把衣服撑破，然后生气。
> ——莎拉·米利肯（Sarah Millican）

从显而易见的事情开始。当人们遇见你时，你有什么不完美的地方是他们会马上看到或听到的？你有明显的种族背景吗？他们会看到你的赘肉吗？你已经50多岁了吗？你有口音或奇怪的嗓音吗？你是金发女郎吗？在这个练习中，你将了解到你巨大的腰围也可以变成观众巨大的笑声。

如果你认为自己是完美的，那么你的缺陷可能就是"不愿意承认自己的缺点"。

在下面的练习中对自己诚实。

练习 38：自嘲式开场

喜剧创作练习册 > 练习 > 练习 38：自嘲式开场

列举你自己的 5 个缺点，这些缺点要么是身体上显而易见的——你的体重、发际线、年龄、性别、时尚感等，要么是性格缺陷。任何让你与众不同或显得古怪的东西都可以是脱口秀的黄金素材。

如果你的外表没有什么明显的可以取笑之处，那么就写下你的朋友、孩子或同事可能会用来形容你的负面特征，不要那些奉承的话。例如，你是一个控制狂吗？专横？狡猾？或者懒惰？

我的 5 个外表或性格方面的缺陷是：

1. _____
2. _____
3. _____
4. _____
5. _____

将上面的 5 个缺陷分别通过下面这个简单的自嘲公式进行加工。

（1）"我……"插入你的一个明显或有点令人难为情的缺陷。

（2）接下来，添加只有一个词的评论，比如"真棒！"现在你有了一个反转。你承认了一些消极的东西，然后通过宣称它是一件积极的事情来反转它。瞧瞧，你的这个段子的设置已经完成了。

（3）在段子的下一部分中，要解释为什么你宣称"真棒！"，句式是："嘿！（插入你的缺陷，如秃顶、肥胖、消极、感觉迟钝）也有优点……"

（4）现在列举至少 5 个理由，说明为什么拥有你的缺陷特质是真的有好处的。

（5）如果你能够对其中任何一个理由进行呈现，那么你将得到更大的笑声。

在你的喜剧创作练习册中写下你刚刚创作的所有内容。

> **逆向思维**
>
> 自我嘲弄是一种不只可以在舞台上，也可以在任何地方进行实践的练习。每天，你都有很多机会可以嘲笑自己，特别是当有人问"你好吗？"时，与其说"很好"，不如说"为什么问这个，你听说什么了？"通过不给出人们预期会得到的回复来让他们开始感兴趣。

接下来，我们将学习对半混搭，以你自己为代价获得更多的笑声。

对半混搭

使用对半混搭技巧，嘲笑你自己或你的种族文化背景以获得笑声。

对半混搭的方式是："我一半是这个，一半是那个。这意味着……（插入混搭）。"通常你要把两个刻板印象混搭起来，它们来自你的种族背景、出生地/国家或个性的两个方面。如果你能用好这个技巧，它将在你的演出开始时快速得到笑声。它还可以作为接下来段子的引子，介绍段子的话题：你在上个练习中列出的负面特征之一。

这是我的前学生丹·奈南使用对半混搭技巧的一句话：

"我爸爸来自印度，我妈妈来自日本。所以，这意味着我在便利店买寿司。"

如果只是提供关于你自己的信息而不增加笑点的话，就会像："我来自某某某地，我大学在某某某校上学，毕业后我在某某某地当老师，现在我在某某某地工作……"观众会感到很无聊。使用对半混搭方法可以在提供信息的同时获得观众的笑声。

> 我在一个父母信仰不同的家庭长大。这种生活太动荡了。我爸爸是无神论者，我妈妈是不可知论者。这意味着他俩不停吵架。"没有神！""可能有！"
>
> ——邦妮·麦克法兰（Bonnie McFarlane）

尝试混合你的种族背景、出生地，或使用朋友或亲戚的特征。例如：

> 我有一个朋友，他有一半犹太血统和一半意大利血统。所以这意味着他总是给他自己一个他无法拒绝的最优惠条件。
>
> ——蒂姆·特威德（Tim Tweed）

> 我有一半德国和一半爱尔兰血统。这意味着我会喝很多酒，但我对此事非常严格。
>
> ——埃里希·维吉（Erich Viedge）

用两个职业进行混搭效果也可以很好：

> 我有天文学学位，同时也是一名女演员，这意味着我精确地了解为什么太阳绕着我转。

你看明白了吧？接下来根据你自己的真实情况写更多的段子。

练习 39：对半混搭

喜剧创作练习册 > 练习 > 练习 39：对半混搭

"朱迪，我从哪儿找到我的对半混搭话题列表呢？"

回到你在"练习 8：找到你的真实话题"中创建的话题列表。

在该列表中添加如下内容。

1. 你的爱好和兴趣。
2. 你住过的地方。
3. 关于你的其他有趣花絮（比如害怕什么东西等）。

查看此列表，将你的个人信息插入以下混搭示例中。

"我出生在（插入地点），但现在我住在（插入另一地点），这意味着（插入混搭）……"

"我做过（插入工作），还做过（插入另一工作），这意味着（插入混搭）……"

"我一部分是（插入种族背景），另一部分是（插入另一种族背景），这意味着，我（插入混搭）……"

对不同的话题重复此方法至少 10 次，并记录你的答案。

完成后，选出其中最好笑的那些段子，将不太好笑的段子记录在你的"按话题分类的半成品段子"部分，将最好笑的那些记录在"我的演出内容：成品段子块"部分。

下面进入最常见的能让观众发笑的方式之一：对比段子。

对比段子

"我找不到做对半混搭练习的素材。我可以比较那些与自己无关的事吗?"

在对半混搭中,你比较了你生活中的两个方面。通过对比段子,你可以通过对比任何两个群体的人或事来获得笑声。这些类型的段子是每个职业脱口秀演员表演内容的一部分。

在写自己的段子之前,大声朗读下面这些段子,以了解对比段子。

男性与女性

> 当女性抑郁时,她们去吃饭,或者去购物。当男人抑郁时,他们去侵略另一个国家。
>
> ——伊莱恩·布斯勒(Elayne Boosler)

过去与现在

> 我单身的时间越长,我的标准就越低。一开始,我真的很挑剔:"她必须看起来像这样,她必须有那个优点。"现在,我:"有没有牙齿无所谓,你用心微笑,这才是最重要的。"
>
> ——普瑞彻·劳森(Preacher Lawson)

儿童与香烟

> 我爱我的儿子,就像我爱香烟一样。我喜欢每小时接触他 5 分钟,剩下的时间,我觉得这玩意儿迟早要弄死我。
>
> ——吉姆·杰弗里斯

家里第一个孩子与第三个孩子

> 你们知道,当你只有一个两岁的孩子,他会哭着闹着让你做水果冰沙给他吃。而当你的第三个孩子两岁了,他会自己做水果冰沙。他就自己走到厨房里,拉过来一个小板凳,站到上面,开始往食物搅拌机里扔香蕉。而且这搅拌机都不是你的,这搅拌机是他自己兼职赚钱买的。
>
> ——塞斯·梅耶斯(Seth Meyers)

现在,我们来写一些你自己的对比段子。

练习 40:对比段子

喜剧创作练习册 > 练习 > 练习 40:对比段子

对比段子也遵循与其他段子相同的脱口秀结构:

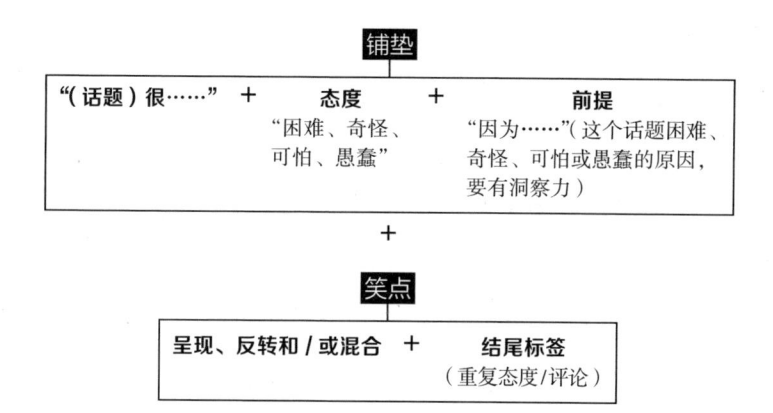

```
           ┌─────────┐
           │  铺垫   │
           └─────────┘
"（话题）很……"  +   态度      +      前提
                  "困难、奇怪、      "因为……"（这个话题困难、
                   可怕、愚蠢"       奇怪、可怕或愚蠢的原因，
                                   要有洞察力）

                      +

           ┌─────────┐
           │  笑点   │
           └─────────┘
呈现、反转和/或混合  +   结尾标签
                      （重复态度/评论）
```

可以通过为以下的设置添加内容来写你自己的对比段子。

对比段子：他们与我

在这个段子中，将自己与比你更成功的人进行对比，就像脱口秀演员尼克·格里芬（Nick Griffin）下面所做的：

"太多关于名人的愚蠢文章都在夸张化他们的生活，试图让他们的经历看起来非常美妙。'在他大获成功之前，他当了3年的洗碗工。'嘿，我也当了3年的洗碗工，然后我成了一个厨房打杂的。"

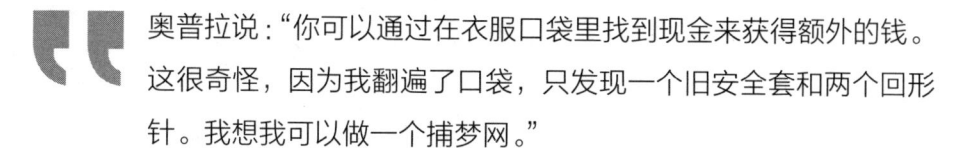

> 奥普拉说："你可以通过在衣服口袋里找到现金来获得额外的钱。这很奇怪，因为我翻遍了口袋，只发现一个旧安全套和两个回形针。我想我可以做一个捕梦网。"
>
> ——安娜·阿博特（Anna Abbott）

（1）选择一个当前的名人或公众人物，并呈现出他最近的一篇发言或文章，要那种有成功人士味道的。

（2）做一个呈现，将你生活中的类似事物与名人进行对比。

用以下公式写两个段子：

（某名人）说：_____（插入呈现）。这是_____（插入态度）的，因为我_____。

对比段子也同样适用于制造反转。下面是脱口秀演员丹尼斯·米勒（Dennis Miller）的一个例子：

"美国总统已经74岁了，我们让他控制核按钮。我爷爷也是那个年纪，我们都不让他控制电视遥控器。"

现在使用以下每个公式各写两个段子。

（1）在现在糟糕的经济环境下，听那些关于名人的奢侈生活的故事对我来说太难了。（插入一个名人和他的奢侈生活）天哪！换成是我的话_____都算走运的了。

（2）听说这么多腐败政客逍遥法外，真是太可怕了。（插入公众人物及他逃脱了什么）换成是我的话_____都算走运的了。

（3）听到那些超级有钱人做的事情，感觉很奇怪。（插入一个有钱人及他做了什么）换成是我的话_____都算走运的了。

对比段子：过去与现在

过去与现在的简单对比，可用于分享你注意到的随年代变化的事情。

在下面的例子中，乔治·洛佩兹（George Lopez）将他抚养孩子的方式与他祖母抚养他的方式进行了对比：

"如果你现在养孩子，你必须假装他们做的每一件事，都是你见过做得最棒的。感恩节的时候，我对我的孩子说：'哦，我的天啊，你描着自己手掌的外边缘，给我画了一只火鸡？我要把这幅画发到我的脸书上！'当我还是个孩子的时候，我给我祖母画了一幅画，她说：'这是什么鬼东西？你别再浪费我的眉笔了！'"

> **专业提示：**
>
> 在对比段子中，最好是第一个呈现很长，第二个呈现很短，如雪莉·谢泼德关于对比第一次离婚与第二次离婚的段子："第一次离婚没问题，每个人都会同情你。你的朋友会说：'别担心，姑娘，他是个坏男人！他啥也不是！你是女王，你是神的宠儿！姑娘，上帝会保佑你。'但当你第二次离婚时，他们问：'你有啥问题？'"

现在，为下面每一条"过去与现在"的对比段子填写至少三种不同的答案。

（1）奇怪的是，变老会改变你在一段感情关系中想要的东西。以前我想要 _____（做一个呈现）。现在我想要 _____（做一个呈现）。

（2）经济状况确实改变了我的人生目标：以前我 _____（做一个呈现）；现在我 _____（做一个呈现）。

（3）当我第一次约会时，我想要的是 _____（做一个呈现）。现在我 _____（做一个呈现）。

对比段子：我的文化/家乡与你的文化/家乡

当你在外地演出时，对比段子是一种必定能获得笑声的方式，只需将你所在的地方与你居住的地方进行比较。

> 你们北京有而我们洛杉矶没有的——友善的人。我在北京坐电梯的时候，陌生人对我说："早上好！"这让我有点害怕，因为在洛杉矶，陌生人对你友好的时候，他们一定是嗑药了。
>
> ——朱迪·卡特

在下列空白位置填写至少三个不同版本的答案。

（1）换城市居住是很困难的，因为你熟悉的相同手势可以在新的地方有不同的解释。在我的家乡 _____，在这里（插入城市）_____。

（2）在全国/世界各地旅行，你会发现有些地方非常奇怪。比如在（插入城市）_____，而在（当前城市）_____。

把你在这个练习中写出来的最好的段子移动到你的喜剧创作练习册中。接下来是获得最后笑声的方法。

对话段子

有没有人对你说过一些非常愚蠢的话，而你当时愣住了，没想到一个机智的回应？好吧，在舞台上，你有一次新的机会——创造并说出一个你希望你当时能说出的机智反击。脱口秀可以让你笑到最后。

对话段子要呈现你和另一个人之间的一个小场景。该方法如下所示。

（1）描述一些人（你的母亲、老板、配偶、孩子、牙医等）说的蠢话。

（2）停下来让观众反思上一步中人们说的话是多么愚蠢或奇怪。

（3）告诉观众你希望自己当时回应的话。

例如，你的母亲说："你就穿那件衬衫出门吗？"在现实生活中，你可能会回答："对，你别管了！"但是在舞台上，你可以重写场景，让自己更机智。例如：

> 妈妈："如果没有你，我本可以成为一名医生。"
> 我："如果没有你，我就不需要心理医生了。"
> ——乔伊·凯石安（Joy Keishian）

当克里斯·洛克讲述离婚时，他重复了法官对他说的话，并用他的想法回应：

"法庭很可怕，因为你不知道自己能否获得孩子的监护权和探视权。我希望我的离婚能顺利进行，所以我在原来的住处附近买了一套房子。这还不够。那位法官说：'洛克先生，我需要看看卧室里床的照片，这样我才知道孩子们有地方睡觉。'我想：'你认为我会让孩子们睡马槽吗？一套价值百万美元的房子，没有床？'"

写对话段子的必胜法则

（1）不要设置大量的对话，来来回回地讲个不停。这不是一场戏，而是一个段子。

（2）确保你给对话段子的铺垫中包含了对某人说的话的态度（奇怪、可怕、愚蠢）。

（3）确保有前提，并告诉观众为什么那个人说的话是奇怪、可怕或愚蠢的。

> （和爸爸沟通心理健康问题很困难）我爸爸只给过我一次心理健康方面的建议，是在我高中时恐慌症发作时，我当时不知道那是怎么回事，压力非常大。我对他说："我不知道该怎么办。有这种感觉的时候该怎么办，我该怎么办？"他说："好吧，我只能告诉你，当你有这种感觉时，离你在乎的人越远越好，直到你感觉正常了再回来。"
>
> ——泰勒·汤姆林森

（4）通过在对话段子后添加一个混合来获得额外的笑声。

所以，在泰勒·汤姆林森上面的对话段子后，她又添加了一个混合："这种建议就像是你对狼人说……"然后做一个呈现："变身的时候躲进树林里，直到你从怪物变回正常人再回来。别让人看到你变身，他们不会接受你真实的样子。"

请回顾"练习19：混合——从家人身上找笑点"，了解如何在对话段子中添加混合。

加油！找出那些人们对你说的蠢话，但这一次你要笑到最后。

练习 41：对话段子

喜剧创作练习册 > 练习 > 练习 41：对话段子

（1）列出别人对你说过的三句蠢话，或者你听到名人说过的蠢话。

（2）根据你希望自己当时应该说的，或者别人应该说的，想出三个有趣的反驳。

（3）查看你的段子，看看你是否可以通过添加对话段子来扩展现有的段子。

> 你的喜剧创作练习册应该已经填上很多段子了，希望它们已经进入了你的"我的演出内容：成品段子块"部分。你还在每天做晨间写作吗？还在和你的喜剧伙伴合作吗？记得把你的录音转成文本，你可能会在那里找到很好的前提。不要打破你连续创作的链条。

时事段子

"嘿,朱迪,到目前为止我一直在根据自己的生活写段子,但是时事方面的段子该怎么写呢?"

历史中满是脱口秀演员嘲笑富人和有权势者的例子。在很多国家,当政治局势过于令人不安时,人们选择相信深夜电视脱口秀演员说出的新闻,而非传统的电视新闻频道。显然,时事段子有其受众群体和成功机会。(从另一面来说,如果观众的政治观点与你的观点不符,你会失去他们。)

发展你作为政治脱口秀演员的技能,可以提供独特的机会:

• 如果你擅长模仿名人,时事段子可以让你展现这种天赋。

• 对于有政治头脑的脱口秀演员来说,播客是个超级合适的平台。如果你能把坏消息变成好段子,你可能会在网上找到你的忠实受众。

• 社交媒体非常适合快速发布你的段子并帮助你建立粉丝群体,这可以为你赢得潜在的编剧工作机会。

所以,如果你喜欢时事段子——那就去写吧。

如何撰写时事段子

在写时事段子时,标准的铺垫—笑点结构也适用。但是,根据个人生活而非时事话题来获得笑声要容易得多,因此请真正精心打磨你的笑点。以下是一些可以提升你段子效果的提示。

> 基本上,我早上醒来的时候,认为一切都会很棒。我真的很乐观,我期待着新的一天。我拿起《纽约时报》,看看头版,意识到我又错了。我开始盯着新闻看。
>
> ——刘易斯·布莱克

> 联合国做了一项全球调查。据《泰晤士报》报道，此调查只有一个问题："请问你能否对世界其他国家食品短缺的解决方案给出诚实的意见？"这项调查完全失败了。在非洲，人们不知道"食品"是什么意思。在东欧，人们不知道"诚实"是什么意思。在西欧，人们不知道"短缺"是什么意思。在中东，人们不知道"解决方案"是什么意思。在南美洲，人们不知道"请"是什么意思。在美国，人们不知道"世界其他国家"是什么意思。
> ——马克·博尔顿（Mark Bolton）

（1）通过引用新闻事件和来源，让观众与你了解相同的信息。

例如，铺垫说"根据《纽约时报》报道……"

然后，转述你将要用来讲段子的新闻事件。重复这一背景铺垫可以确保每个人都能听到并理解段子的前提。即使这是个重大新闻，也不要假设每位观众在来俱乐部之前就了解了这件事。

> （根据《泰晤士报》报道……）首相特蕾莎·梅将试图达成一项新的英国脱欧协议，但她做不到，因为脱欧协议必须先通过议会，而议会每次都否决。这太愚蠢了，因为除了议会没有别人可以推迟他们知道自己会输掉的争论。这就像醉醺醺地回到家，对你老婆说（呈现）："我们等到8月再讨论喝醉酒的问题。"
> ——拉塞尔·霍华德（Russell Howard）

（2）以情感强烈的态度进入笑点部分，前提一定要简单，并通过呈现和/或混合让观众笑出来。"那是（困难的、奇怪的、可怕的、愚蠢的），因为……"

> 据《纽约时报》报道，白宫的一名官员说："现在白宫给外国领导人打电话似乎是自由和即兴发挥的。"这太可怕了，想象一下如果总统就像即兴剧团一样处理外交事务："好，大家好，请工作人员把场灯打开。我现在要给一位外国领导人打电话。我需要观众的建议，说一个国家的名字和我们要征收关税的货物名。我听到有人说'瑞士'和'布谷鸟钟'……我们接下来的场景是：月球上的肛肠科医生办公室。"
>
> ——斯蒂芬·科尔伯特（Stephen Colbert）

表现时事段子的最佳公式之一是混合。将目标与完全不同的东西进行比较，如下面的段子所示。

> 这个情人节，美国人必须记住，政客就像一盒巧克力。我们咬开他们，找出里面的东西，结果发现民主党人经常软弱又糊涂，共和党人大多是疯子。①
>
> ——比尔·马赫

> 有些课程，教你如何在英国脱欧中生存，就像脱欧是世界末日一样。英国脱欧的"准备者"正在教人们如何通过击退暴徒和吃狗粮来度过"脱欧动荡"。这太愚蠢了，因为：首先，"脱欧动荡"不会发生。其次，你不需要别人教你如何吃狗粮。从来没有人看着狗粮说（呈现）："它看起来不错，但吃它的时候我该遵守什么用餐礼仪呢？"
>
> ——拉塞尔·霍华德

---

① 此段子多处使用英文单词含义的双关，"柔软"英文为soft，同时又指"性格软弱"，"黏稠"英文为gooey，又指"糊涂"，巧克力里常见的"坚果"英文为nuts，另一含义为"疯子"。

> **一点教训**
> 时事段子不合时宜的场景之一是商务活动。在得克萨斯州，我讲了一个关于一位共和党前总统的段子，然后学到了这一点。在讲完我自以为会炸场的段子后，超过 20 个人愤而离席。在我职业生涯的那个时间点，我还没有像救场段子之类的工具，无法从这样的错误中恢复。不要像我当时那样措手不及。始终要考虑你的听众。

要避免的时事段子陷阱

（1）时事段子寿命短。随着如今新闻周期变短，你早上写的段子可能到那天晚上你上台时就过时了。

（2）无论你选择什么话题，最大的可能是那些主持深夜秀的脱口秀演员和他们身边高薪的编剧们也会讲这个话题。如果你想要写出新颖的段子，就要给出独特的观察。人们对时事段子是高标准严要求的。

（3）由于文化和政治有其敏感性，每个段子都有可能对一部分观众造成冒犯，所以要通过取笑你所属群体中的人以及那些真正值得被取笑的人，确保你是一个公平公正的脱口秀演员。

（4）时事段子几乎不会有出现在商务活动中的机会（除非你擅长模仿名人），因此请把这些段子留给俱乐部观众。

> 乔·米勒（Jo Miller）是《与萨曼莎·比一起直面真相》（*Full Frontal with Samantha Bee*）的前执行制片人，这是一档关于时事的脱口秀节目，他说："我雇了一些我在推特上发现的脱口秀编剧。对于他们中的很多人，这是他们的第一份编剧工作。他们的推特内容不仅向我展示了他们的段子，还向我展示了他们的观点。"

即使你并不关心时事，也要尝试用下面的练习创作当前热门时事的段子。

练习 42：时事段子

喜剧创作练习册 > 练习 > 练习 42：时事段子

喜剧伙伴合作练习

和你的喜剧伙伴一起，上网找到三个当前热门的新闻事件。然后使用以下五点中的前三点来即兴创作新材料。

（1）用愚蠢或怪异的言论开始一个段子。然后想出一个可能有人对他们说的反驳。

例如：

"今天，一位保守的基督教牧师说：'我竞选美国总统是因为上帝对我说话，让我来参选。'这很奇怪，因为上帝也对我说话了，说不要投票给他！"

你和你的喜剧伙伴可以一起做一个有趣练习，你们中的一个人说出新闻中的一些事件，另一个人想出一个好笑的反驳。我曾经给作家兼脱口秀演员戴尔·欧文（Dale Irvin）看了一些统计数据，并挑战他能否给出好笑的回应。以下是我们采用这种方法的成果："据《今日美国》报道：'三分之一的美国人觉得他们生活在巨大的压力中。'这很奇怪，因为剩下三分之二的美国人正在给他们压力。"

（2）通过将目标置于不同的环境下，或者将你的话题与某事或某人进行比较，来创建一个混合段子。这些混合段子通常这样开头：

"你能想象如果……"或"这就好比……"

例如：

> 当被问及气候变化报告时，有官员说："那很好，但我不相信。"一个人怎么能拥有全人类所有的愚蠢呢？这就好比有人编辑了他的基因，给他超人类等级的愚蠢。
>
> ——特雷弗·诺亚

（3）使用一个混合，想象这个段子的未来发展。混合可以是："你知道接下来会发生什么吗……"或者"你能想象如果……情况会是……"

> 机场的旅客会说"我要去跟那个空姐吐槽"，这很奇怪。在机场，不要跟任何人吐槽。这就是为什么旅客会那么愚蠢，他们只顾吐槽，但是在行李领取处连自己的行李都认不出来。他们盯着行李传送带，就像他们在看赛车一样。应该给他们配个解说员："拐弯处新行李来了，黑色的新秀丽袋子领先，后面是一个旅伴牌智能行李箱……哦，不！粘着透明胶带的盒子领先了！"
>
> ——朱迪·卡特

（4）写时事段子和任何其他段子一样，你可以使用我们讨论过的任何技巧创作（或者全都用上），包括对话和对比段子，就像达拉斯脱口秀演员迪恩·刘易斯在下面这个段子中所做的：

"总有人告诉我：'任何人都可以成为总统。'当我还是个孩子的时候，我以为这句话是一堂励志课。现在作为一个成年人，我意识到这其实是一个警告。"

（5）在推特上发布你的段子。你可能会发现推特是寿命短暂的时事段子的完美目的地，而你也可能因此而被发掘。

你擅长模仿名人吗？接下来我们学习如何将模仿加入脱口秀结构中。

如何模仿名人而不落俗套

"我会模仿名人。但如何将模仿添加到我的段子中呢？"

如果你会玩口技或者会模仿名人，一定要把它们加进你的演出内容中！只要确保你是先有铺垫，然后用模仿给出笑点，而不是连着做一系列"下面给大家模仿一个某某某"。

> 我过去看那些杂耍演员式的模仿秀艺人，像瑞奇·利特尔（Rich Little）或弗兰克·乔辛（Frank Gorshin）那些人的时候，我总是觉得模仿名人的声音是他们演出唯一的重点。我不想那样做。我想成为罗宾·威廉姆斯，或者乔纳森·温特斯（Jonathan Winters）那样的模仿者，在他们的演出中，观察和叙事很重要。
>
> ——弗兰克·卡连多（Frank Caliendo）

> 我喜欢 NFL 分析师约翰·马登（John Madden），因为他让我觉得自己很聪明。（奇怪的是）他在橄榄球比赛中一直解释你已经知道的事情。他没有给你任何新的信息，只是坐在那里在一群男人的屁股上画图，说这样的话（表演模仿）："如果四分卫假跑真传……而接球手……在端区接住球……那将……那将……那将……那将……是一次触地得分。"
>
> ——弗兰克·卡连多

如何在段子中加模仿环节

如果你向观众介绍接下来你要模仿，而不是把模仿自然地放进你的段子中，你的模仿听起来就可能会很俗气。说出"想象一下，如果坎耶·韦斯特（Kanye West）在一家超市工作"，或者"这是 Lady Gaga 和总统之间的对话"就已经预告了你将要做一个模仿，这并不是很有想象力。相反，用一个强有力的前提来铺垫这个段子，然后把你的模仿作为呈现。当观众意识到你在扮演谁的时候，你会从观众的惊喜中得到笑声。金·凯瑞通过做精准的模仿开始了他的喜剧生涯，他在段子中加入模仿的方式非常出色。

"幸运的是，我们大多数人的脑子里都有这样一个声音：'把车掉头冲向迎面而来的车辆只会适得其反。'如果我们能学会控制自己的冲动，我们就可以像吉米·斯图尔特（Jimmy Stewart）一样，因为无论发生什么，吉米·斯图尔特都可以用积极的方式看待它（精准地模仿斯图尔特）：'好吧，我想我们会给自己一场爆炸……嘿，大家到窗前来。哦，看看那片烟雾，它真漂亮！令我惊奇的是，如此宏伟、如此多彩的东西可以马上融化你的脸！'真是太正能量了。"

将模仿自然地融入你的演出内容中的方法之一，是使用对比来进行铺垫。在"练习 19：混合——从家人身上找笑点"中，你用你的家庭成员写了一系列"如果……"的前提。例如，"如果你的恐菌症嫂子在幼儿园工作怎么办？"这种形式的段子可以通过添加一个对比/混合来完美地过渡到模仿："这就像美国总统试图在不碰任何东西的情况下教这些孩子一样。"模仿/呈现成为前提的延伸，这比宣布"看我来模仿声音"要有趣得多！

错误的方式：

"有人看过迈克·泰森（Mike Tyson）前一阵接受采访吗？他的话听起来是这样的：'我要把这个家伙打晕！'"

正确的方式：

看看这个达纳·卡维的段子，他将他的小儿子与迈克·泰森进行对比："我的孩子和他哥哥吵架了，我问他'怎么了？'他的话听起来就像迈克·泰森说的（呈现他的小儿子模仿泰森）：'你知道我在说什么……如果他要拿走我的超凡战队（Power Ranger）玩具，我就要把他打晕。'"

现在，我们来试试你的模仿。

练习 43：加入名人模仿秀

喜剧创作练习册 > 练习 > 练习 43：加入名人模仿秀

"好吧，那我具体该把模仿环节放在哪里呢？"

通过以下步骤，将你作为模仿者的才能转化为成功的脱口秀表演。

（1）列出你能模仿的名人列表。

（2）移除任何已去世或公众不再熟悉的人。

（3）现在，回到你在"练习18：练习混合流程"中写的段子。

选择你现有的一个段子，并使用模仿作为结尾标签。使用导入语句，如"如果……""就像……"

（4）回到"练习19：混合——从家人身上找笑点"。看看你是否可以添加一个短语"想象如果我的母亲是……"，然后做一个模仿 / 呈现，由一位名人来扮演你母亲。

瞧！你的"我的演出内容：成品段子块"部分里至少也应该有一个新的好段子了。准备好尝试写一些观察性喜剧了吗？

观察式喜剧："你们有没有发现……"

到目前为止，你的演出内容一直建立在你个人的话题上。但是有一整个类别叫作观察式喜剧，它关注的是你周围的世界。观察性喜剧通常用以下语句开头：

- "你们有没有发现……？"
- "……到底是怎么回事？"
- "你们有没有想过，为什么……？"

观察式喜剧中，脱口秀演员会讲述一些大家熟悉的事物，但以一种独特的方式揭示出观众通常没有注意到的细节。

> 我不会说："我要写个段子。"我只是走入真实世界，观察生活。感觉就像我锻炼了大脑中负责观察发现事物的部分，所以我现在不需要刻意地去寻找那些好笑的东西，而是会自然而然地注意到它们。
>
> ——史蒂芬·赖特

例如，关于制作和吃沙拉的细节。

> 我真是受够了沙拉。你们有没有发现，沙拉这东西太累人了，因为你必须把所有的食材都弄好，混合在一起，然后给沙拉加上酱汁。然后，你去吃沙拉，你得在叉子上做整份沙拉配料的副本。"好吧，我需要生菜、西红柿、洋葱、蘑菇……"这就像你得做 14 份迷你沙拉。这可能就是为什么在一家餐馆里他们会说："你还在

第 4 章　另外 8 个提示：创作 1 小时商演内容 | 229

吃那份沙拉吗？""你说得太对了，我还在做这份沙拉！"①

——德米特里·马丁（Demetri Martin）

这种段子的棘手之处在于，如果你的观察结论太明显，它就不会很好笑。如果你的观察结论太隐秘，段子就会以"嗯……看来只有我一个人发现了这个"和观众的死寂作为结局。

观察式喜剧背后的情感通常是对日常生活的一个小细节感到困惑或迷茫。幽默来自对这些细节的调查研究。

> 你们有没有发现，我们从不在约会时做结婚后的人会做的那些事？如果我们在第一次约会时做婚后的行为，双方就再也不会见第二次面了。
> （呈现）"你和凯蒂的约会怎么样？"
> （呈现）"太可怕了……我们拿支票簿结算了家里的账单，清理了车库。我不知道自己做了什么。"
>
> ——迪恩·刘易斯

> 这些洛杉矶的潮人到底是怎么回事？你会看到这些家伙穿着《默克与明蒂》（Mork & Mindy）式的彩虹条纹背带，有个平行四边形的文身，他们手臂软弱无力，不能抬手点亮一盏指示灯。他们几乎不能挥手。他们说（呈现）："嘿……我是贝奥武夫（Beowulf）……""嘿……我是纳撒尼尔（Nathaniel）……"好吧，我敢肯定你的父母给你起的名字是内森（Nathan），在大学里他们可能叫

---

① 最后一句笑点中"吃"和"做"两个动词原文均为working on，利用了这个词组的双关含义。

你奈特·道格（Nate Dogg）。纳撒尼尔就像一个古老鬼魂的名字，而不是一个瘦弱的留着品客薯片吉祥物八字胡的咖啡师的名字。①

——娜塔莎·赖格罗（Natasha Leggero）

很多时候，一个观察式段子的前提以一个一句话段子的形式出现：

> 每个人都喜欢米饭。米饭太棒了，特别是当你饿了，想要吃2000份食物的时候。
>
> ——米奇·赫德伯格（Mitch Hedberg）

现在我们来探索你的观察式幽默世界。

练习44：观察式段子

喜剧创作练习册 > 练习 > 练习44：观察式段子

喜剧伙伴合作练习

观察式段子很少会在你坐在电脑前时出现。恰恰相反，它们是自然的产物，来自你对生活中那些看似平凡的琐事进行的细心观察与反思，来自你的生活。

---

① 《默克与明蒂》是1978—1982年播出的情景喜剧，剧中罗宾·威廉姆斯扮演的外星人默克的招牌造型为彩虹条纹的背带。贝奥武夫（Beowulf）是欧洲古代同名英雄史诗的主角，美国潮人很多喜欢改用古雅的名字。纳撒尼尔（Nathaniel）情况类似，现在起名通常使用简化的内森（Nathan），或使用昵称奈特（Nate）。奈特·道格（Nate Dogg）是美国说唱歌手，原名真的是纳撒尼尔，他出生在通常更倾向于给孩子起《圣经》中的名字或古老名字的牧师家庭。

在接下来的三天里，记下你注意到的关于人、地点和事物的所有小细节。特别留心关注那些让你觉得困惑的事情，或者在你注意到的事物上有哪些要素是困难的、奇怪的、可怕的或愚蠢的。

把你的话题通过脱口秀结构写出来：

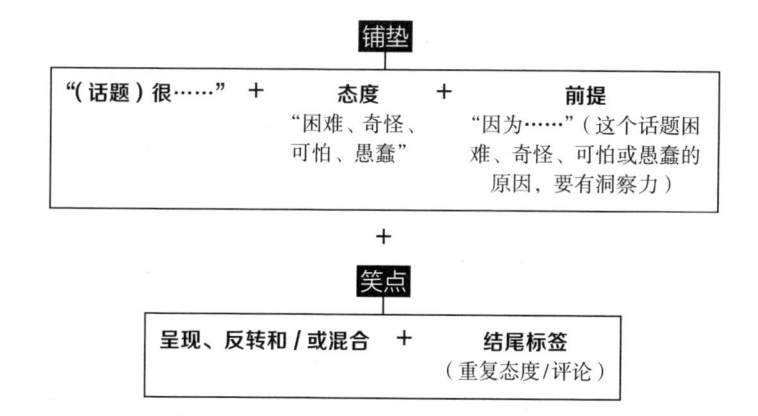

铺垫

"（话题）很……" ＋ 态度 ＋ 前提
　　　　　　　　"困难、奇怪、　　"因为……"（这个话题困
　　　　　　　　可怕、愚蠢"　　　难、奇怪、可怕或愚蠢的
　　　　　　　　　　　　　　　　原因，要有洞察力）

＋

笑点

呈现、反转和/或混合 ＋ 结尾标签
　　　　　　　　　　　（重复态度/评论）

现在，与你的喜剧伙伴一起尽情发泄情绪，并试验至少 10 个观察式段子，以获得呈现、反转、对话段子或对比段子。

将你的演出内容材料扩展到 60 分钟的最后一个环节，这是一种创造新段子的方法，但不是与你的喜剧伙伴一起，而是与观众一起。

在台上即兴为段子追加新内容

写新内容的最佳方法之一是在舞台上现场创作。因为在你得到观众的笑声时,也得到了一个新的机会:通过在结尾标签之后即兴发挥此话题的更多层面,来获得更多的笑声。

有一次我在讲一些打磨过的关于我这个年纪减肥多么不容易的段子:"我现在得慢跑 5 英里①,才能抵消一块我 2001 年吃的糖果。"观众笑了,我又即兴加了一句:"我现在胳膊上赘肉的层数,比我毕业舞会上那条裙子胳膊上的花边还多!"观众又笑了。现在,我当时即兴加入的这一句已经成了我演出内容的一部分。这是一种非常好的丰富段子内容的方法。

即兴追加内容就像尽情宣泄情绪,但这次你是在台上做的,是在观众面前现场做的。任何一个段子引发观众笑声的时候,都是抓住机会即兴追加新内容的完美时刻。在这个情绪高涨的瞬间,你可以创作出最好的段子。

你写的每个段子里都隐藏着三到五个相关的段子——这是可以保证的。这些黄金素材出现在段子之间的空隙中,以及当你现场即兴为段子追加新内容时。

> 我的大部分脱口秀创作都是通过舞台上的即兴发挥进行的,是在现场创作的。提出一个想法,并花时间在舞台上、观众面前充实它,直到把它变成完整的段子。
>
> ——马克·马龙

需要一些技巧才能抓住正确的时机,但是当你感觉到跟观众建立了连

---

① 1 英里≈1.161 千米。——编者注。

接时,就去做吧。即兴创作会创造脱口秀演员的高峰时刻。

> 有时我会写下关于我想谈论的话题的笔记,并开始尝试用思维随意跳跃的闲聊来充实它们,但这仍然很棘手。在舞台上找到好的方式要容易得多。其中大部分都是在某一时刻现场即兴想到的。
>
> ——埃迪·伊扎德(Eddie Izzard)

托德·巴里一有机会就和观众互动。注意他如何在一个自然出现的时刻,将指出一位女观众正在发短信,变成他现在演出内容中使用的常规段子。

"我问一个女人:'你在发短信吗?'

"她说:'我没发短信,我是在用谷歌搜索你。'

"用谷歌搜索我?你想发现什么?发现我是不是正好在本地演出什么?'哦,哇,这家伙演脱口秀。真巧。我想知道他好不好笑。哦,有一个视频片段……他很好笑!我必须看他的现场演出。我来看看他的巡演日程表……哦,就在今晚……哦,演出地点真的很近。'"

允许自己在舞台上即兴追加新内容,当你回顾自己的录音时,你可能会发现新段子。

练习 45:在台上即兴创作

喜剧创作练习册 > 我的演出内容:成品段子块

现在是时候鼓起勇气在现场观众面前即兴发挥了。下次你准备你的演出时,确定其中一个位置要加入即兴发挥内容。这意味着不要事先计划说什么,而是让自己对现场寻找新内容的可能性完全放开。同样,一定要给演出录音,回放你的新段子,并将其记录到你的喜剧创作练习册中。通过即兴发挥，有时一个不经意的评论可能会扩展成一整个段子块的内容。查看你的原创段子，并添加任何能获得笑声的内容，以扩展你的成品段子。

让我们回顾一下。

在本章中，我们专注于创建 60 分钟的新段子，方法如下。

- 使用自嘲公式嘲笑自己。
- 写对半混搭段子。
- 创作对比段子。
- 尝试以对话形式进行呈现和混合。
- 浏览头条新闻，寻找时事段子素材。
- 为模仿名人做铺垫，避免落入俗套。
- 通过观察生活发现幽默。
- 在舞台上即兴创作新内容。

> 请记住，有时你的段子在纸面上很好笑，但在舞台上效果不佳；有时你在台上随口一说的评论却是会"炸场"的金句。新段子要在几批不同的观众面前试过，才能知道哪些内容是有用的，哪些还需要修改。

恭喜！坚持创作，继续表演脱口秀。

对于那些并非脱口秀演员而是演讲者或参加头马俱乐部的人来说，下一章提供了专门设计的写作提示，旨在为你的演讲和故事增添一些观众的笑声。

第 5 章
给非脱口秀演员的幽默演讲提示

在过去的几年里，我为医生、首席执行官、政治家和其他从事无趣职业的人代笔写过段子。为什么？因为当他们讲话时，他们希望听众能保持清醒。如果你是演讲者或头马俱乐部会员，你要在演讲和故事中加入幽默成分——这不是建议，这是现实的强制性要求。

> 演讲者有两种：好笑的和失业的。
> ——在一次全国演讲者协会的会议上无意中听别人说的

接下来的三项练习将告诉你，如何为任意一个话题增添幽默成分，不管这个话题多么严肃或令人沮丧。

> 这段内容来自我的另一本书《你的信息：把你的人生故事变成报酬丰厚的演讲事业》(*The Message of You: Turn Your Life Story into a Money-Making Speaking Career*)。
>
> 关于"达尔富尔的种族灭绝"这个话题，没有任何好笑的内容。
>
> 一位演讲者来找我，他需要为鼓励达尔富尔志愿精神的演讲增添幽默感。他演讲的目的是招募志愿者。但当他演讲时，内容实在太压抑了，人们走出去而不是去登记成为志愿者。当我在他的演讲中加入幽默部分后，一切都改变了。"请求人们做志愿者很难。这就像对人说：'嘿，你想长时间工作，没有报酬，并且感到沮丧吗？'没有人会回答：'哇哦，我在哪里登记？'"他获得了观众的笑声，最后也招募到了新的志愿者。

无论你的话题多么无趣，总有一些地方可以让观众笑。我强烈建议你先写出你的故事或演讲，这样接下来的工作才有意义。然后使用以下练习来获得观众的笑声。你在演讲或故事中获得笑声的地方可能会让你大吃一惊。

不情愿的承认

对观众来说，一个很容易引起反感的点是演讲者无所不知的高傲态度。即使你确实是一位是专家，也确实对演讲主题无所不知，也还是会让观众不喜欢你。一位专家做轻松的自嘲，承认他们也并不完美，这会让观众觉得很有趣。当诚实的陈述来自一位受人尊敬的专业人士时，就显得更有趣、更可爱。

在"不情愿的承认"这个练习中，你要对真相做一个夸张而大胆的陈述，然后以不情愿的态度承认你刚才是在说谎，被观众发现了。以下是这种幽默方式的流程，请注意，在整个过程中，你需要在每个句子中重复相同的关键词。

具体步骤如下。

（1）自信而坚定地撒谎。

"我受过高等教育，所以你可以相信我的建议……"

（2）犹豫地承认上一句话是谎言。

"嗯，并不完全是，你知道，像硕士那样的高等教育……"

（3）尴尬地承认谎言，并说出实情。

"嗯，其实我是喝两口酒就高，等着被人教育。"

（4）大声说出标签，如"随便吧！"或"接着往下说！"

重复的关键词是"高"。

> **随便吧！**
> 不情愿的承认这一技巧的美妙之处在于，你使用它的次数没有限制。在任何故事中，或者每当你过度夸大统计数据或结果时，都可以使用它。

下面是我在某次总统选举前后，在加拿大演出时使用的一个不情愿的承认，当时美国以外的所有人都认为美国人全都发疯了。

（1）自信而坚定地撒谎："嗯，大家知道，咱们有很多共同点。你们是加拿大人，我也是加拿大人。"

（2）犹豫地承认上一句话是谎言："嗯……我其实并不是在加拿大出生的……"

（3）尴尬地承认谎言，并说出实情："好吧，只要有人提到总统选举，我就会告诉人们我来自加拿大。"

（4）大声说出标签："随便吧！"

重复的关键词是"加拿大"。

如果你是头马俱乐部的会员，这是在你的故事中获得笑声的好方法。

> **成为头马俱乐部明星**
>
> 头马俱乐部是一个拥有超过 24 万名成员的国际组织，他们举办演讲和幽默比赛。我有幸在他们的许多会议上演讲过，并指导他们的一些成员获得了奖项。虽然头马俱乐部的重点是发表演讲，但它同时也提供了一个安全并具支持性的环境，可以让你克服对舞台的恐惧，获得观众反馈，并最大限度地提高你讲故事的技巧。

这一技巧最重要的元素是你表演的神态。你必须自信坚定地陈述谎言，不要有一丁点暴露它是假的。然后你不情愿地承认，你说的话严格来说是不真实的，就像你正在想办法蒙混过关。最后，你快速地说，好像陷入了撒谎当场被抓的尴尬，表现得就像真相并不重要："嗯，实际上……"（与你原本说法完全不同的真相。）最后大声说出"随便吧！"会延长笑声持续的时间。

在段子的每个步骤中重复最初谎言的话题都会让人发笑。例如：

"我减掉了120磅。"

（接下来，说话的音量降低一点）

"嗯，我并没有一口气减掉120磅。"

（然后音调更柔软，也可以目光向下看地面）

"嗯，实际上我是反复12次减掉再长出来10磅肉，加起来也是120磅。随便吧！"

对于讲述严肃内容的演讲者来说，使用不情愿的承认技巧是很自然的，因为观众一定不会料到这个。笑声会让观众们对你接下来要继续讲的严肃内容更投入。这一技巧也非常适合讲故事。

我们来试着写一些不情愿的承认。

练习46：不情愿的承认

喜剧创作练习册 > 练习 > 练习46：不情愿的承认

"不情愿的承认一定要是尴尬的吗？"

并不一定。现实世界中关于你自己的什么事情可以变成不情愿的承认？工作？出生地？浏览你在练习8、9中列出的话题、子话题和微话题，并选择其中五个你自己的特征，是你可以夸大并变成不情愿的承认的。为这五个特征中的每一个写出至少两种版本的不情愿的承认。完成后，将你最好的那些段子从"练习"部分移动到"按话题分类的半成品段子"中，最终将修改完成的段子移动到"我的演出内容：成品段子块"部分。

要记住如下几点。

- 你表现出的姿态是此类段子成功的关键。
- 理直气壮地说出谎言，犹豫低声说出真相。
- 将整个段子作为故事中间的快速的一次性点缀物。

做完了吗？很好，现在阅读下一节，了解术语歪解。

术语歪解

术语歪解这一创作段子的方法非常适合那些想要为企业观众写定制笑话的脱口秀演员和演讲者。在术语歪解中，你说出一个你的观众很熟悉的术语，通常只有一两个单词长，说它是来自另一种文化/语言的单词，然后给它一个好笑的新定义。

形式是这样的：

"你们可能不知道，但 _____（插入术语）实际上是一个 _____（插入语言名）单词，它的意思是 _____（插入新定义）。"

假设你在一群企业家面前表演。以下是使用此技巧的一些示例：

"你们可能不知道，但'企业家'实际上是一个法语单词，意思是'我穿着内衣工作'。"

或：

"你们可能不知道，但'PowerPoint'实际上是一个古老的梵文单词，意思是'哦，现在就杀了我吧！'"

练习 47：术语歪解

喜剧创作练习册 > 练习 > 练习 47：术语歪解

（1）选择一个常用短语、单词或术语。

如果你在一个脱口秀俱乐部演出，这个词语的来源可以是你当前的：

- 职业
- 家庭背景
- 文化传统

- 感情关系状态
- 兴趣爱好

如果你为企业观众表演，词语的来源可以是以下一项或多项内容：

- 令人沮丧的新电脑程序
- 不受欢迎的奖金计划
- 烦人的公司系统或程序
- 定期开会、培训和正式会议

会带来最多笑声的词语，是那些令许多与会者感到沮丧或抱怨的事情。

（2）接下来，声称这个词语在一种外语中具有不同的含义。所以要选择一种语言：拉丁语、意第绪语、波斯语、古埃及语、你的母语等。

（3）为词语给出新定义，以反映每个人的挫折感、隐藏的想法或对这个话题的恼火情绪。

在你的练习册"练习47：术语歪解"中，列出你的听众会觉得烦人的术语，或者列出让你烦恼的人、地点、事物。

然后，在每个术语旁边，将其烦人之处写成呈现。

就这样，与其直接评论"社交"这个词和你对所有人都表现得很虚伪这件事的烦恼，你可以让这个话题变得更好笑，只需要在你的喜剧创作练习册中写一些你可以呈现的东西，比如下面的：

术语	可呈现的烦人之处
社交	我假装对你说的话感兴趣，这样你有生意的时候会想到让我做

完成列表后，请用以下公式尝试歪解每个术语。

"你们可能不知道，但 _____（插入术语）实际上是一个 _____（插入语言名）单词，它的意思是 _____（插入新定义，要激起观众共同的挫折感，并有呈现）。"

提示：这个段子的关键在于它的表演。铺垫部分"你们可能不知道，但（插入术语）实际上是一个拉丁文单词，它的意思是……"是简短的，要以面无表情的严肃态度讲出来的。笑点需要更长，要更大声说出来。你也可以向观众伸出双手，就像在说："我说得对吗？"以获得额外的笑声。

烦人的缩略词

"朱迪,我不想成为一个脱口秀演员,我只需要作为演讲者获得笑声。我该怎么做呢?"

如果你以脱口秀演员或演讲者的身份参加公司的商务活动,那么这个练习对你来说很棒。所有公司都有过多的首字母缩略词。这些首字母缩略词为增加新段子创造了另一种建设性的方法。

"烦人的缩略词"类型的段子是这样的:

"你们可能不知道,但是 ＿＿＿＿＿＿(插入首字母缩略词)实际上的意思是 ＿＿＿＿＿＿(插入该缩略词好笑的完整形式)。"

脱口秀演员布兰迪·丹尼斯(Brandi Denise)在一个关于机场安检的段子中使用了这种方法:

"(TSA[①]是愚蠢的……)他们做的是有史以来最无用的工作。有人带武器杀人——你认为TSA会没收他们的枪吗?不会。但是,你知道他们在没收什么吗?你的水、你的化妆水、你的香水、你的痔疮药膏,不管你生活中需要什么他们都会收走。这就是为什么我认为TSA代表'扔掉你的破烂'(Throw Shit Away)。这就是他们做的所有工作。'嗨,我是TSA。我的任务就是要把你的破烂扔掉,再踩一脚!'"

请注意她如何在段子中使用烦人的缩略词方法,并以呈现结束。

更多示例:

"你们可能不知道,但是福特(Ford)实际上的意思是'每天小修或大修'(Fix Or Repair Daily)。"

"你们可能不知道,但是数学(math)实际上的意思是'对人类的精

[①] TSA为美国运输安全管理局(Transportation Security Administration)的缩写。

神虐待'（Mental Abuse To Humans）！"

我们会在下面的练习中写一些缩略词段子。

练习 48：烦人的缩略词

喜剧创作练习册 > 练习 > 练习 48：烦人的缩略词

在进行商务演出活动时，请预先了解该公司使用的首字母缩略词的详细列表，并找出其中与办公室日常工作相关的烦恼。或者列出一个让你个人感到烦恼的首字母缩略词列表，例如：

- 运动队伍 / 联盟
- 政府机构
- 学校
- 城市
- 国家 / 地区
- 你认为没有实际意义的组织

现在描述与缩略词中的各个字母相匹配的烦恼。

在你的喜剧创作练习册中填写词表格，至少选择五个现有实体的首字母缩略词，并给出它们的"新"含义：

缩略词	与缩略词中的各个字母相匹配的烦恼

把你选中的缩略词用这个段子结构写出来：

你们知道吗，_____（插入首字母缩略词）实际上的意思是_____（插入与该缩略词各字母相同的烦人解释）。"

如果你是一个演讲者或讲故事的人，那么冒险去让观众笑会很可怕。但是一旦你这样做了，你就会迷上这种感觉，因为没有什么能比得上让所有观众都笑出来的感觉。试试看……你会喜欢的。

第 6 章
最后的鼓励

恭喜！你已经读完这本书了。

你即将听到一些你可能会认为很奇怪的事情。现在你已经学习并应用了脱口秀的所有规则——是时候打破它们了。在舞台上勇于冒险！大胆一点！不要依赖辅助手段！因为成为明星的过程就是学好你的技艺，然后去冒险的过程。离开书本，用你自己的方式去尝试。驾驭你的激情。活在当下，活在现场。你已经学会了规则——现在去打破它们！

还记得你的成功愿景吗？

我在本书开始处请你想象了自己的成功愿景。对我们中的很多人来说，成功意味着名声：赚大钱、为粉丝签名、陌生人来找你合影。换句话说就是成为名人。问题在于，愿景会把成功的喜悦感推迟到遥远的未来。这种类型的愿景，一定会，增加此时此地不够好的感觉。

在我二三十岁的时候，无论以什么标准来衡量，我都是成功的。我辞去了高中教师的工作，全职做脱口秀，我过着很好的生活，一年中有46周的时间安排了演出。我是俱乐部的主打演员，在商业广告中出场，并在100多个电视节目中登台表演，我出现在4个（我数得很清楚，4个）有线电视网的脱口秀专场中。我有一个经理、一个经纪人，飞到全国各地去为《周六夜现场》看新演员试镜。我获得了多个写电视剧试播集的机会，我与传奇作家、制片人和导演卡尔·莱纳（Carl Reiner）签约，与杰·雷诺和安迪·考夫曼（Andy Kaufman）一起参加莱纳编剧的节目。所有这些曝光使我能够买下海边的房子，当我在拉斯维加斯的演出结束后，有人来找我签名时，我母亲自豪地笑了。

但是，回想起来，我意识到我从来没感受过成功。我只是一直在想那些我没有得到的东西，我冷场的演出，以及那些我无法控制的事情，比如另一个脱口秀演员得到了我觉得我应该得到的演出机会。

我母亲去世后，在纽约长岛的一家脱口秀俱乐部里，在一场特别艰难的演出中,有很多喝醉酒的人在捣乱,我生命中的一些东西突然断裂了。我走下舞台,放弃了巡演,回家重新开始自己的生活。

我决定做一些传统的事,找一份工作,结果很快发现我并没有市面上的企业需要的技能。我没有气馁,租了一间办公室去练习上班——就像这是某种行为艺术一样。

在我的大脑中存放着尚未开发的知识财富,正因为如此,我觉得写一本书可能是一个好主意。你猜怎么着?我写出了一本书,它很快就被不是1个,不是12个,而是59个图书经纪人先后拒绝了。然后幸运的经纪人60号,安妮特·威尔斯(Annette Wells),相信这本书并签下了它的版权。兰登书屋的查克·亚当斯(Chuck Adams)冒着很大的风险出版了这本书。哦……还有一个人非常喜欢这本书,让我上了她的节目:奥普拉·温弗瑞。但作为她的嘉宾,我太紧张了,词儿都说错了,我觉得自己像个失败者。[①]

快进到2005年,我的一个学生改变了我对"成功意味着什么"的态度,这给了我内心的平静。我写了第一本书之后获得了很多公司活动表演的邀约,并开始了自己的事业:教授脱口秀课程。有一天,我的课堂上满是学生,他们正在寻找自己的真实话题。"我离婚了!我胖了!哇噢!"突然,一位看起来很虚弱的老妇人大喊:"我得了癌症!"我说话之前犹豫了,然后告诉她,这可能不是一个好笑的话题。她站起来说:"朱迪,这个病夺走了我的健康,甚至更多东西。如果它连我的幽默感都给夺走了,那我就真该死了!"所以,我们开始写关于她疾病的段子。当这个班级在好莱坞的"即兴"脱口秀俱乐部上演学员秀的时候,她讲癌症的段子让全场观众笑得都要裂开了:"你在停车场看到我的车了吗?车上贴的标语是'马上减肥,办法问我!'"在癌症缓解期间,她写了一本名为《幽默治愈》的书。

---

① 作者这里所指的书是她于1989年出版的第一本著作《脱口秀之书》(*Stand-up Comedy: The Book*),由兰登书屋的子公司戴尔出版社(Dell Publishing)出版。

那是我人生中第一次真正感受到成功，因为我终于意识到我的成功，以及我的人生目标，是由我对他人生活的影响决定的。

正如我的朋友，已故脱口秀演员洛特斯·温斯托克（Lotus Weinstock）曾经说过的那样："我只想拥有财富和名声，因为这样我就可以说财富和名声不是人生的意义。"

你未来终于"成了"的那个时间点并不存在。永远不会有值得让你不思进取的成就，也没有一劳永逸的成功。

问问你自己这个问题：我今天需要做到什么，才能感受到成功？

首先，你刚刚读完了一本非常困难的书。你是否感受到了成功？或者你是否还在想：

"嗯……我跳过了很多练习。"

"我没有找到喜剧伙伴。"

"我没有报名参加演出。"

问我有什么建议？关注你做到了哪些事！庆祝你找到了那个反转，写出了那个段子，得到了那次笑声。

与其把注意力集中在观众席上没有笑的那两个人身上，不如欣赏那些笑出来的人。纠结于那些你没有做成的事情和那些你错失的机会是一扇陷阱门，通向抑郁和焦虑这对邪恶的双胞胎。

庆祝你的胜利，无论它们看起来多么渺小。当你的注意力转移到你取得的有效的成果，以及你的工作如何影响他人时，你会越来越感受到成功，这将创造更多的成功。这是我对你的承诺。

致谢

好吧，我承认，我是一个拖延症患者。我本以为我可以在几个月内把这本书写出来。结果拖了两年。写这样一本书，是任何人都无法单独完成的。

才华横溢的编剧和电视制片人 SJ·霍奇斯（SJ Hodges）推动了这一项目的开始，她给了我很多超级棒的点子并编辑了这本书的第 1 章。我将永远感谢你对我的生活的贡献。我写垃圾文字，把它寄给你，而你编辑后寄回给我的文字总能让我说："是的！这就是我想说的东西，但这个写得更好。"

如果没有我亲爱的伴侣安娜·阿博特的耐心，我不可能写完这本书。谢谢你听我大声朗读我的书，并在文字变得无聊的时候告诉我。你让这本书变得更好，你让我变得更好。

劳拉·佩莱格兰（Laura Pelegrin），我永远的最好的朋友，也是我的编辑。我无法告诉你，我有多感激我的生命中有你在。感谢你对本书进行的大量编辑工作。作为市场调查人员，你真是一位有趣的女士。感谢你在整个过程中接听我所有绝望的电话。

感谢所有在这个项目开始时帮助过我的人。超级好笑的达拉斯脱口秀演员迪恩·刘易斯充满智慧的话语在本书中多次出现。

非常感谢才华横溢的大卫·凯斯勒（David Kessler），他已不再是我的编辑，因为他的一个电影剧本被某位大明星看中了[①]。干得好，凯斯勒。还要感谢写作助理布伦特·普里默斯（Brent Primus），他来到我的办公室，帮助我保持写作进度。

[①] 此处的电影剧本指2020年上映的《水俣病》（*Minamata*）。大卫·凯斯勒也是脱口秀演员，目前专注电影编剧事业。

整本书中有大量用来举例的段子，非常感谢脱口秀演员保罗·埃利亚，当我说："不行……不行……不行……这行不通"的时候，他坚持帮助我。

感谢世界上最有趣的女性之一，喜剧编剧西比尔·塞奇，感谢她阅读摘录，让我的书和我的生活更有趣，可以置身其中度过令人沮丧的时代。非常感谢艾琳·克莱蒙（Erin Clermont）编辑这本书。

非常感谢普雷斯顿·吉特林（Preston Gitlin）的支持和将我的工作转给阿兰·罗伯茨。阿兰在我无法完成这本书时来帮我。谢谢你，阿兰，感谢你挑剔的编辑和了不起的重写，这帮助我赶上了截稿期限。与你一起工作真是太棒了。

感谢我的出版商，独立国际出版社（Indie Books International）的每一位成员：亨利·德弗里斯（Henry DeVries）、德文·德弗里斯（Devin DeVries）、维姬·德弗里斯（Vikki DeVries）和琼尼·麦克弗森（Joni McPherson）。真是一群伟大的合作者。

最后，感谢 The Comedy Bible 脸书群组成员，感谢各位极有价值的反馈。感谢你们，我的每一位读者，你们让这个世界变成了一个更好笑的地方。